# TEORIA ECONÔMICA MARXISTA

## UMA INTRODUÇÃO

# OSVALDO COGGIOLA

# TEORIA ECONÔMICA MARXISTA

## UMA INTRODUÇÃO

© Boitempo, 2021
© Osvaldo Coggiola, 2021, 1998

*Direção-geral* Ivana Jinkings
*Edição* Carolina Mercês
*Pesquisa bibliográfica* Santiago Marimbondo
*Coordenação de produção* Livia Campos
*Revisão* Pedro Davoglio
*Capa* Maikon Nery
*Diagramação* Antonio Kehl

*Equipe de apoio* Artur Renzo, Camila Lie Nakazone, Débora Rodrigues, Elaine Ramos, Frederico Indiani, Heleni Andrade, Higor Alves, Ivam Oliveira, Jessica Soares, Kim Doria, Luciana Capelli, Marcos Duarte, Marina Valeriano, Marissol Robles, Marlene Baptista, Maurício Barbosa, Raí Alves, Thais Rimkus, Tulio Candiotto

CIP-BRASIL. CATALOGAÇÃO NA PUBLICAÇÃO
SINDICATO NACIONAL DOS EDITORES DE LIVROS, RJ

C625t
2. ed.
    Coggiola, Osvaldo
        Teoria econômica marxista : uma introdução / Osvaldo Coggiola. - 2. ed. - São Paulo : Boitempo, 2021

        Inclui bibliografia
        ISBN 978-65-5717-013-7

        1. Economia marxista. 2. Capital (Economia). 3. Capitalismo. I. Título.

21-70134                                                        CDD: 335.4
                                                                              CDU: 330.85

Meri Gleice Rodrigues de Souza - Bibliotecária - CRB-7/6439

É vedada a reprodução de qualquer parte deste livro
sem a expressa autorização da editora.

1ª edição: outubro de 1998 (publicada pelo selo Viramundo, da Boitempo,
com o título *Introdução à teoria econômica marxista*)
2ª edição: maio de 2021
1ª reimpressão: maio de 2023

BOITEMPO
Jinkings Editores Associados Ltda.
Rua Pereira Leite, 373
05442-000 São Paulo SP
Tel.: (11) 3875-7250 / 3875-7285
editor@boitempoeditorial.com.br
boitempoeditorial.com.br | blogdaboitempo.com.br
facebook.com/boitempo | twitter.com/editoraboitempo
youtube.com/tvboitempo | instagram.com/boitempo

# Sumário

Nota à primeira edição .................................................................... 7

Prefácio à segunda edição ............................................................... 9

I. **Por que ler *O capital* hoje?** ............................................... 19
O lugar de *O capital* na história do movimento operário ......... 19
As fontes de Marx ........................................................................ 21
*O capital* e a luta do proletariado .............................................. 26

II. **A exploração capitalista** ................................................... 27

III. **Mais-valor absoluto e mais-valor relativo** ....................... 37
Mais-valor absoluto (aumento absoluto do mais-valor) .......... 37
Mais-valor relativo (aumento relativo do mais-valor) .............. 39
As etapas do desenvolvimento capitalista ................................ 42
Consequências do maquinismo para a classe operária .......... 46

IV. **O salário** ............................................................................. 53
Salário relativo ............................................................................. 56
Função dos sindicatos ................................................................ 63
Trabalho produtivo e improdutivo .............................................. 67

V. **A origem do capital (I)** ...................................................... 71
Formas de valor: origem do dinheiro ........................................ 75
Funções do dinheiro .................................................................... 82

VI. **A origem do capital (II)** ..................................................... 85
A acumulação do capital ............................................................. 88
A acumulação primitiva (originária) do capital ......................... 92
A tendência da acumulação capitalista ................................... 104

| | | |
|---|---|---|
| VII. | O fetichismo na sociedade capitalista | 107 |
| VIII. | A tendência do capitalismo à queda | 117 |
| | A taxa média de lucro | 120 |
| | A tendência decrescente da taxa de lucro | 127 |
| | Causas compensadoras da lei | 135 |
| | As crises capitalistas | 137 |
| IX. | O imperialismo | 143 |
| | A época dos monopólios e dos impérios | 143 |
| | Lugar histórico e crítica do imperialismo | 152 |
| | O imperialismo e os países capitalistas atrasados | 157 |
| | Globalização, imperialismo e socialismo | 159 |
| X. | A extinção da lei do valor, o capitalismo e o socialismo | 161 |
| | A União Soviética e os outros Estados operários eram socialistas? | 174 |

Referências bibliográficas ........ 181

Sobre o autor ........ 183

# Nota à primeira edição

O texto que segue resultou de um curso de formação política do Partido Obrero (PO) da Argentina, realizado em 1981, nas condições de clandestinidade que eram as da sangrenta ditadura militar argentina da época. O texto só foi atualizado com relação a dois assuntos – a globalização e o fim dos países socialistas –, permanecendo, no restante, intocado.

O curso foi uma atividade coletiva de revolucionários argentinos e de outros países que tomaram parte nele, cabendo-me só a redação final do texto. Ele está dedicado, pois, a todos os companheiros que o tornaram possível.

# Prefácio à segunda edição

Em sua obra-prima, *O capital*, Marx partiu da análise da mercadoria. No livro que o leitor ora tem em mãos, de caráter introdutório à máxima obra do pensador alemão, partimos da experiência imediata do trabalhador para tornar os conceitos marxistas mais acessíveis. O procedimento de Marx não foi arbitrário nem devido ao acaso: a *era do capital* se caracteriza pela produção generalizada de mercadorias. A mercadoria é uma forma *fenomênica* da produção material; o *capital* é a relação social correspondente a essa forma quando ela se torna preponderante. Quando isso acontece, produz-se um incremento em relação ao valor original – um *mais-valor* – mediante a exploração (uso) da força de trabalho, transformada ela própria em mercadoria. Diversos autores postularam que a troca comercial faz parte da "natureza humana", deduzindo dessa premissa a *naturalidade* da busca e da obtenção do lucro, forma transmutada do mais-valor. Uma conclusão com dois pressupostos: a) a consideração não histórica da troca; b) a eliminação do caráter específico da troca na sociedade dominada pelo capital, que inclui o comércio (troca) da força de trabalho. Em carta a Friedrich Engels, Marx resumiu a inovação teórica de sua obra principal, *O capital*: "O que há de melhor no meu livro é: 1) (e é sobre isso que repousa toda a compreensão dos fatos) sublinhar, desde o primeiro capítulo, o duplo caráter do trabalho segundo ele se expresse como valor de uso ou como valor de troca; 2) a análise do mais-valor, independentemente de suas formas particulares: lucro, juros, renda da terra, etc"[1].

A produção generalizada de mercadorias, em que todas as coisas úteis se revestem da forma mercantil, exigiu como base histórica que a própria força de trabalho fosse uma delas.

> A relação capitalista pressupõe a separação entre os trabalhadores e a propriedade das condições da realização do trabalho. [...] O processo que cria a relação capitalista não pode ser senão o processo de separação entre o trabalhador e a propriedade das condições de realização de seu trabalho, processo que, por um lado, transforma em capital os meios sociais de subsistência e de produção e, por outro, converte os produtores diretos em trabalhadores assalariados.[2]

A sociedade capitalista é aquela em que a *força de trabalho* é transformada, de modo geral, em *mercadoria*. O *segredo* da produção capitalista é a produção de *mais-valor*, valor-a-mais, base do lucro capitalista, obtido no processo de produção pelo uso da mercadoria força de trabalho, cuja qualidade específica consiste em ser a única mercadoria que cria novo valor, valores superiores àqueles necessários para produzir e reproduzi-la. A transformação geral da força de trabalho em mercadoria é específica ao capitalismo; o *valor* como conceito ou abstração econômica é também específico desse regime social. O *capital* designa o valor

---

[1] Karl Marx, em *Marx Engels Werke* (*MEW*), v. 31 (Berlim, Dietz, 1965), p. 326; tradução nossa.

[2] Idem, *O capital: crítica da economia política*, Livro I: *O processo de produção do capital* (2. ed., trad. Rubens Enderle, São Paulo, Boitempo, 2017) p. 786.

medido como trabalho alheio coagulado sob a forma de dinheiro ou de mercadorias, incluindo a própria força de trabalho. Capital é o valor suscetível de produzir mais-valor; ele "não é uma coisa, mas uma determinada relação social de produção, que pertence a uma determinada formação histórico-social, representa-se numa coisa e confere a esta um caráter especificamente social"[3].

Marx escreveu que a produção de mercadorias só pode ser a forma normal e dominante da produção quando ocorre no âmbito da produção capitalista. Em sua forma universal e absoluta, ela é a produção capitalista de mercadorias; pois "é apenas quando o trabalho assalariado constitui sua base que a produção de mercadorias se impõe a toda a sociedade"[4]. "O capital", por sua vez, "é trabalho morto, que, como um vampiro, vive apenas da sucção de trabalho vivo, e vive tanto mais quanto mais trabalho vivo suga"[5]. O capital apresenta-se sob a forma de terras, dinheiro, lojas, máquinas ou crédito. O agricultor, o comerciante, o industrial e o banqueiro, donos do capital, controlam o processo de produção, contratam ou demitem os trabalhadores, conforme sua conveniência. Os trabalhadores, que não possuem nada além de sua força de trabalho, vendem-na em troca de um salário, pois não lhes resta outra saída para sobreviver.

Em que se baseia a extração de mais-valor, base do *lucro* que movimenta a sociedade capitalista? No fato de que aquilo que o trabalhador vende ao capitalista, em troca do

---

[3] Idem, *O capital: crítica da economia política*, Livro III: *O processo global da produção capitalista* (trad. Rubens Enderle, São Paulo, Boitempo, 2017) p. 877.

[4] Idem, *O capital,* Livro I, cit., p. 662.

[5] Ibidem, p. 307.

salário, não é seu trabalho, mas sua *força de trabalho*: "O valor de uso que o trabalhador tem para oferecer ao capitalista, portanto, que em geral ele tem para oferecer a outros, não está materializado em um produto, não existe de qualquer maneira fora dele, logo, não existe realmente, mas só potencialmente, como sua capacidade"[6]. O *capitalismo* (o modo de produção baseado na hegemonia do capital sobre as outras relações sociais) não é qualquer sistema econômico dinamizado pela procura de lucro, mas só aquele baseado nas relações de produção em que o lucro se origina do mais-valor extorquido *na* e *pela* exploração da força de trabalho, contratada e remunerada por um salário: "Para o capital, o trabalhador não é uma condição de produção, mas só o trabalho. Se ele puder realizá-lo por meio de máquinas ou até por meio da água, do ar, tanto melhor. E o capital não se apropria do trabalhador, mas do seu trabalho – não diretamente, mas pela mediação da troca"[7].

O capital não teria valor nenhum se não fosse acionado pelo trabalho para criar mercadorias que, vendidas no mercado, realizam o lucro do capitalista, o que lhe permite incrementar o capital, produzir mais mercadorias, aumentar os lucros, numa perpétua concorrência com os outros capitais.

> A produção estende-se tanto para além de si mesma na determinação antitética da produção, como sobrepõe-se aos outros momentos. É a partir dela que o processo sempre recomeça. É autoevidente que a troca e o consumo não podem ser

---

[6] Idem, *Grundrisse. Manuscritos econômicos de 1857-1858: esboços da crítica da economia política* (trad. Mario Duayer e Nélio Schneider, São Paulo/Rio de Janeiro, Boitempo/ Ed. UFRJ, 2011) p. 207.

[7] Ibidem, p. 409.

predominantes. Da mesma forma que a distribuição como distribuição dos produtos. No entanto, como distribuição dos agentes da produção, ela própria é um momento da produção. Uma produção determinada, portanto, determina um consumo, uma troca e uma distribuição determinados, bem como relações determinadas desses diferentes momentos entre si.[8]

Produção, distribuição e consumo são "elementos de uma totalidade, diferenças dentro de uma unidade"[9]. O capital "fixo" nada mais é que trabalho vivo coagulado, valor capitalizado. O capital oculta por meio de sua aparência reificada sua real condição: a de ser uma relação social em cujos polos dinâmicos estão o proprietário do capital e o trabalhador assalariado. O capitalismo é um modo de produção da vida social que se caracteriza pelas *forças produtivas* que suscita e mobiliza e pelas *relações de produção* sobre as quais se assenta.

*Modo de produção* é o conceito que designa as formas sociais historicamente existentes para produzir e reproduzir a sociedade. Cada modo de produção corresponde a um nível específico de desenvolvimento das forças produtivas (meios de produção, técnicas e organização do trabalho) e a determinadas relações sociais de organização da produção, ou seja, relações entre classes e grupos sociais no processo produtivo.

Se a *história do capital* pode ser rastreada a partir de tempos remotos, a *história do capitalismo* (o modo de produção dominado pelo capital) é bem mais recente, remontando ao século XVI. Sua relação social fundante é a existente entre trabalho assalariado e capital. A diferença que o

---

[8] Ibidem, p. 53.
[9] Idem.

modo capitalista de produção impõe ao trabalho está em sua forma de exploração: pela *venda da capacidade (ou potencialidade) de trabalho para outros*. O trabalho assalariado é a manifestação socialmente determinada da *venda* da força de trabalho. A história das sociedades contemporâneas está determinada pelas relações estabelecidas com base nesse fundamento, por sua dinâmica e suas contradições. "Modernidade", mobilidade social, carreira baseada em mérito, vínculo entre educação e ascensão social, igualdade formal de oportunidades, flexibilidade profissional, mercantilização geral, egoísmo hedonista, entre outras, são suas manifestações derivadas.

De modo geral,

> o estágio da produção de mercadorias, com o qual tem início a civilização, é caracterizado economicamente pela introdução: 1. do dinheiro de metal e, desse modo, do capital monetário, do juro e da usura; 2. dos comerciantes como classe intermediadora entre os produtores; 3. da propriedade fundiária privada e da hipoteca e 4. do trabalho escravo como forma dominante de produção.[10]

Essa produção não era uma produção capitalista, embora fosse direcionada ao mercado, pois não estava alicerçada em relações capitalistas de produção.

Falar de "capitalismo" antigo ou medieval porque havia financistas em Roma ou mercadores em Veneza é um abuso de linguagem. Esses personagens jamais dominaram a produção social de sua época, assegurada em Roma pelos escravos e na

---

[10] Friedrich Engels, *A origem da família, da propriedade privada e do Estado: em conexão com as pesquisas de Lewis H. Morgan* (trad. Nélio Schneider, São Paulo, Boitempo, 2019) p. 161.

Idade Média pelos camponeses, sob os diversos estatutos da servidão. A produção industrial da época feudal era obtida quase exclusivamente sob a forma artesanal ou corporativa. O mestre-artesão comprometia seu capital e seu trabalho e alimentava em sua casa seus companheiros e seus aprendizes. Não há separação entre os meios de produção e o produtor, não há redução das relações sociais a simples laços de dinheiro: portanto, não há capitalismo.[11]

O valor não é intrínseco a uma mercadoria isolada, ele reflete uma divisão do trabalho entre produtores independentes de mercadorias; a natureza social do trabalho deles só se revela no ato da troca. O valor tem, portanto, uma realidade apenas social, cuja forma se revela na troca. A distinção entre valor de uso e de troca já existia na filosofia grega, embora ela não desdobrasse todas as suas consequências. Esses desdobramentos apareceram plenamente só no capitalismo, o modo de produção em que a tensão existente na *forma mercadoria* se exterioriza na *forma de valor* como *dinheiro* (forma fenomênica do valor) e, simultaneamente, como *mercadoria* (forma fenomênica do valor de uso). No capitalismo, a mercadoria é uma forma social que comporta tanto o valor de troca como o valor de uso, mas essa forma *aparece* só como valor de uso material. O dinheiro, por sua vez, aparece como portador exclusivo do valor, como a manifestação da abstração da mercadoria, sendo, porém, só a forma fenomênica da dimensão de valor da própria mercadoria. As relações sociais do capitalismo aparecem fundadas na oposição entre a abstração monetária do valor e a

---

[11] Pierre Vilar, "A transição do feudalismo ao capitalismo", em Theo Araújo Santiago (org.), *Capitalismo: transição* (Rio de Janeiro, Eldorado, 1975), p. 40.

concretude da natureza material da produção. O valor de troca supõe a existência de um padrão de medida comum a *todas* as mercadorias.

> Tomemos, ainda, duas mercadorias, por exemplo, trigo e ferro. Qualquer que seja sua relação de troca, ela é sempre representável por uma equação em que uma dada quantidade de trigo é igualada a uma quantidade qualquer de ferro, por exemplo, 1 *quarter* de trigo = $a$ quintais de ferro. O que mostra essa equação? Que algo comum e de mesma grandeza existe em duas coisas diferentes, em 1 *quarter* de trigo e em $a$ quintais de ferro. Ambas são, portanto, iguais a uma terceira, que, em si mesma, não é nem uma nem outra. Cada uma delas, na medida em que é valor de troca, tem, portanto, de ser redutível a essa terceira. [...] Esse algo em comum não pode ser uma propriedade geométrica, física, química ou qualquer outra propriedade natural das mercadorias. Suas propriedades físicas importam apenas na medida em que conferem utilidade às mercadorias, isto é, fazem delas valores de uso. Por outro lado, parece claro que a abstração dos seus valores de uso é justamente o que caracteriza a relação de troca das mercadorias.[12]

O trabalho concreto não fornece a *medida de valor* das mercadorias, pois o que se destaca nele são suas características *qualitativas*. Para encontrar a *medida* do valor, deve-se abstrair o trabalho de sua forma concreta. Para a economia política moderna, um valor de uso ou um bem possuía valor apenas porque nele estava objetivado ou materializado trabalho humano. Para tirar disso todas as consequências, devia-se estabelecer que o trabalho que produz as mercadorias tem um caráter tão dual e contraditório quanto a

---

[12] Karl Marx, *O capital*, Livro I, cit., p. 115.

própria mercadoria. Para Karl Marx, "o erro de Ricardo é que ele está interessado somente na magnitude do valor. O que Ricardo não investiga é a forma específica na qual o trabalho se manifesta como o elemento comum nas mercadorias"[13]. Desse modo, Marx considerou a distinção do trabalho produtor de mercadorias entre trabalho *concreto* e trabalho *abstrato*, distinção ausente na economia política clássica e expressão da contradição própria da mercadoria, seu diferencial e sua base para uma teoria do valor baseada no trabalho.

O capitalismo, assim, nasceu da apropriação da esfera da produção social pelo capital: "A subordinação da produção ao capital e o aparecimento da relação de classe entre os capitalistas e os produtores devem ser considerados o divisor de águas entre o velho e o novo modo de produção"[14]. Nas sociedades em que os trabalhadores eram proprietários de seus instrumentos de trabalho (ou seja, de seus meios de produção), o direito à propriedade aparecia fundado no próprio trabalho. Bastou que entre a propriedade e o trabalho se interpusesse o *capital* para que "a lei da apropriação ou lei da propriedade privada, fundada na produção e na circulação de mercadorias, se transformasse, obedecendo a sua dialética própria, interna e inevitável, em seu direto oposto"[15]. O direito à propriedade fundamentado no próprio trabalho se transformou desse modo no direito à propriedade fundado no trabalho de outrem, ou seja,

---

[13] Idem, *Teorias sobre a mais-valia* (trad. Reginaldo Sant'Anna, São Paulo, Civilização Brasileira, 1985).

[14] Maurice Dobb, *A evolução do capitalismo* (trad. Affonso Blacheyre, Rio de Janeiro, Zahar, 1974), p. 143.

[15] Karl Marx, *O capital*, Livro I, cit., p. 659.

na propriedade *burguesa*. Quando um trabalhador se encontra completamente despojado de seus instrumentos de trabalho, suas faculdades físicas e mentais não apresentam para ele nenhum valor de uso, pois mesmo possuindo tais faculdades, não poderá produzir nada. Essas faculdades são postas à venda no mercado e o patrão (o "burguês") passa a ser o proprietário da força de trabalho do indivíduo. Apropria-se, portanto, das qualidades físicas e intelectuais do trabalhador por um determinado período.

A sociedade capitalista ou burguesa se constituiu com base nas relações sociais de contratação e uso (exploração) da força de trabalho *livre*, tendo como consequência a produção de um mais-valor que é o produto do sobretrabalho fornecido pelo trabalhador *dentro* do processo de produção; o mais-valor se apresenta ao capitalista na forma de *lucro do capital*. O sobretrabalho (ou mais-trabalho) é a diferença existente entre a parte da jornada em que o trabalhador produz valores equivalentes àqueles necessários para a produção e reprodução de sua existência e os valores produzidos por esse mesmo trabalhador na totalidade de seu período de trabalho. A origem do mais-valor capitalista é a exploração *econômica* da força de trabalho, adquirida na esfera da *circulação* (como qualquer outra mercadoria) e utilizada (acionando seu valor de uso) na esfera da *produção*. Neste livro, abordaremos passo a passo a criação de uma sociedade, hoje mundial, baseada nesse fenômeno histórico, e suas consequências em todas as áreas da vida humana.

*Osvaldo Coggiola*
São Paulo, abril de 2021

# I
# Por que ler *O capital* hoje?

Já se passou um século e meio desde que foi escrita e publicada a obra máxima de Karl Marx. No entanto, os jovens e os trabalhadores se aproximam dela como se tivesse sido escrita ontem. Buscam na obra a compreensão da sociedade em que vivemos e também uma arma teórica para a luta contra a exploração. Os ideólogos da burguesia continuam a declará-la, mais do que nunca, sua principal inimiga.

Proscrito ou combatido pelos burgueses, deformado ou ocultado pelas correntes contrarrevolucionárias, *O capital* esteve e está no centro de todas as polêmicas acerca de nossa sociedade. Quais são as razões da extraordinária vitalidade dessa obra?

## O lugar de *O capital* na história do movimento operário

Quando *Ocapital* foi publicado pela primeira vez (em 1867), o movimento operário já tinha várias décadas de existência e, inclusive, já havia criado sua primeira expressão internacional organizada: a Associação Internacional dos Trabalhadores, a Primeira Internacional, fundada por iniciativa de Marx e de outros militantes revolucionários. Nessa época, Marx já era um veterano do movimento operário. Ele próprio não era de origem operária, e sim pequeno-burguesa: de formação universitária, era um dos mais brilhantes (se não o mais brilhante) homens de ciência de sua geração. Politicamente, iniciou sua militância no movimento democrático de seu país, a Alemanha. Sua passagem para o movimento operário é uma demonstração não só de sua honestidade humana e intelectual, mas também do vigor classista expresso pelo proletariado em todos os terrenos de sua precoce existência. A década de 1840 testemunhou as insurreições dos tecelões de Lyon e as greves dos operários de Manchester, que se saudaram mutuamente, atravessando as fronteiras nacionais do Canal da Mancha. *Nascia o internacionalismo proletário.*

Esse vigor permitiu que se destacassem teóricos e dirigentes políticos – como Wilhelm Wolf, a quem Marx dedicou *O capital*, Heinrich Weitling e Joseph Dietzgen, operário contemporâneo de Marx, um dos precursores do materialismo científico-dialético –, e também atraiu os melhores e mais honestos representantes da intelectualidade de origem burguesa: entre outros, Karl Marx e seu amigo Friedrich Engels.

Com *O capital*, Marx coroou um percurso de pesquisa e reflexão de mais de duas décadas. Nele, demonstrou que os explorados modernos, os operários, vivem sob um regime de exploração particular, o capitalismo, radicalmente diferente dos regimes classistas anteriores (escravista, asiático, feudal). Seu objetivo foi analisar como surgia, sob que leis se desenvolvia e a que conclusão levava esse regime fundamentado na exploração do proletariado por meio do trabalho assalariado.

A genialidade da obra – que marcou sua época e todas as sucessivas até os dias de hoje – consiste em haver captado e analisado todas as consequências do aparecimento das duas grandes forças que determinam a vida social até nossos dias: o proletariado e a grande indústria. Na medida em que a importância dessas forças, sob formas diversas e mutantes, não tem feito mais do que multiplicar-se até o presente, as análises de *O capital* têm mantido uma total atualidade. O trabalhador que se aproxima de sua leitura se surpreende de encontrar, analisados em uma obra de mais de um século e meio de existência, os problemas que a classe operária debate todos os dias nas fábricas: os salários e os mecanismos de exploração, as consequências do progresso técnico, a origem e as consequências das crises capitalistas.

Mas nenhuma obra, por mais genial que seja, pode apoiar-se só nas virtudes de seu autor. É necessário que o desenvolvimento histórico e o desenvolvimento da ciência tenham preparado as condições para seu surgimento. A genialidade de Marx consistiu justamente em conseguir realizar uma síntese superior e crítica dos principais resultados do desenvolvimento teórico e histórico de sua época.

### As fontes de Marx

1. A ECONOMIA POLÍTICA CLÁSSICA: Primeira teoria a analisar a sociedade capitalista, lançou os fundamentos da economia como ciência. Isso devido a uma dupla necessidade:

a) Investigar uma sociedade na qual as relações econômicas (de produção) entre os homens se obscureceram, perderam a relativa clareza que possuíam em sociedades anteriores (como a feudal ou a escravista). Como afirmou Rosa Luxemburgo, militante e teórica socialista do início do século XX:

> [Na sociedade feudal] as necessidades da vida humana guiam tão diretamente o trabalho e o resultado do trabalho corresponde tão precisamente ao propósito que as relações apresentam uma surpreendente simplicidade e nitidez, seja em grande

ou pequena escala. O pequeno camponês em sua parcela de terra e o grande monarca em suas propriedades sabem com toda a precisão o que querem obter mediante a produção. E ambos desejam satisfazer as necessidades naturais do homem: alimento e bebida, vestimenta e comodidade. A única diferença é que o camponês dorme sobre um saco de palha e o grande senhor da terra sobre os colchões macios [...].
Pode-se dar a essa economia tantas voltas quanto quiser, sem nela encontrar nenhum enigma que necessite ser sondado mediante profundas investigações, mediante uma ciência particular. Mesmo o mais tolo dos camponeses sabia perfeitamente na Idade Média do que dependia sua riqueza, ou melhor, sua pobreza, além dos fenômenos naturais que, de tempos em tempos, devastavam tanto as terras senhoriais como as dos camponeses [...]. E o que o camponês sabia, ele o gritava muito alto ao mundo nas guerras camponesas, o mostrava ao incendiar a casa de seus sanguessugas [...]. A sociedade atual, em troca, produz o que não quer, nem necessita: crises. Produz, de tempos em tempos, meios de vida que não pode utilizar; periodicamente sofre fome enquanto existem enormes armazéns cheios de produtos invendáveis. A necessidade e a satisfação, a finalidade e o resultado do trabalho já não se combinam mais, há entre eles qualquer coisa de obscuro, de misterioso.[1]

As crises, a fome e as outras novas pestes, como o desemprego e a oscilação dos preços (carestia de vida), já não eram provocadas por nenhum fenômeno natural, e sim possuíam uma base puramente social, que era necessário investigar.

---

[1] Rosa Luxemburgo, *Introdução à economia política*. Disponível em: <https://elsudamericano.files.wordpress.com/2018/09/140-intro-econpolit-luxemburg.pdf>, p. 60; acesso em: 20 mar. 2020. Tradução nossa.

b) Criar uma nova ciência da economia política que funcionasse como uma arma ideológica da nova classe burguesa contra os latifundiários e a nobreza feudal. Nesse sentido, dava ao trabalho um papel central como fonte dos valores e da riqueza, contra o "direito divino" de reis e nobres. Mas junto a essa descoberta revolucionária, que proclamava a caducidade histórica do feudalismo, proclamava também a eternidade do capitalismo, declarando-o "ordem natural" das relações sociais. A economia política burguesa foi inconsequente consigo mesma porque era uma expressão ideológica da burguesia. Marx se apropriou dos principais resultados dessa ciência ao mesmo tempo que criticou seus principais representantes, especialmente Adam Smith e David Ricardo. Sua obra intitulou-se *Crítica da economia política* (*O capital*), posto que era necessário criticar a sociedade capitalista em sua mais alta expressão teórica, e proclamá-la tão histórica e, portanto, tão condenada a perecer como a própria sociedade feudal.

Além disso, "na medida em que tal crítica representa uma classe específica, ela só pode representar a classe cuja missão histórica é o revolucionamento do modo de produção capitalista e a abolição final das classes: o proletariado"[2].

2. O SOCIALISMO UTÓPICO: Marx propôs à classe operária uma análise científica do capitalismo. Não só mostrou sua origem e desenvolvimento, mas também demonstrou que em seu seio amadureciam as condições para um novo regime social, o comunismo, cujas bases já haviam sido lançadas pelo movimento operário. Superou assim as principais

---

[2] Karl Marx, *O capital: crítica da economia política*, Livro I: *O processo de produção do capital* (2. ed., trad. Rubens Enderle, São Paulo, Boitempo, 2017), p. 87.

correntes que influenciavam esse movimento em sua época, que concebiam o surgimento de uma nova sociedade como fruto da pregação filantrópica sobre a classe dominante – Robert Owen ou Charles Fourier, a variante especificamente burguesa do "socialismo utópico" – ou como resultado da ação decidida de um restrito setor de vanguarda do proletariado – Louis-Auguste Blanqui, líder do proletariado parisiense, em cujos decididos partidários Marx reconheceu o "partido comunista verdadeiramente atuante".

Resgatando a ação positiva dessas correntes nas condições de sua época (haviam sido os primeiros a denunciar os horrores específicos do capitalismo e, no caso dos blanquistas, os primeiros a organizar uma ação política independente do proletariado), assinalou ao mesmo tempo sua impotência revolucionária.

O socialismo utópico não concebia que as condições para o socialismo amadureciam no seio do capitalismo mediante o funcionamento das leis que regem esse sistema – nem concebia a revolução social como fruto da luta de classe do proletariado, luta na qual este deveria amadurecer, para alçar-se à direção da sociedade e assegurar a transição para um novo regime, no qual as classes sociais desaparecessem. Ao colocar a necessidade de amadurecimento dos fatores objetivo (as bases econômicas da sociedade) e subjetivo (a classe operária) da revolução social, ao expor como esse amadurecimento se produzia inevitavelmente sob as condições sociais do capitalismo, Marx lançou em *O capital* as bases do programa do proletariado: o socialismo *científico*.

3. A FILOSOFIA CLÁSSICA ALEMÃ: Todo esse trabalho de análise e crítica da ordem existente teria sido impossível se Marx não houvesse contado com o método adequado para realizá-lo.

O ponto mais alto alcançado pela filosofia burguesa lhe foi proporcionado na forma da dialética, ciência das leis do movimento – da natureza, da sociedade e do pensamento –, cujas bases já haviam sido sistematizadas por Hegel.

A dialética condenava a ideia de um progresso linear ao afirmar que, tanto na natureza como na sociedade, a passagem de um estágio para outro acontecia por meio da negação da etapa anterior, de "saltos" e revoluções. O motor desse movimento por meio de saltos era a *contradição*: todas as coisas possuem em seu seio o elemento dissolvente e contraditório, que as levará ao desaparecimento.

Também nesse caso, Marx assimilou criticamente essa conquista do pensamento: em sua forma hegeliana (da filosofia de Hegel), a dialética era idealista, pois desconsiderava a base material do desenvolvimento contraditório, substituindo-a pelo "espírito", e concluía na glorificação de Deus e do Estado. Marx inverteu a dialética em um sentido materialista, convertendo-a na crítica mais impiedosa da religião e do Estado:

> Em sua forma mistificada, a dialética esteve em moda na Alemanha porque parecia glorificar o existente. Em sua configuração racional, ela constitui um escândalo e um horror para a burguesia e seus porta-vozes doutrinários, uma vez que, na intelecção positiva do existente, inclui, ao mesmo tempo, a intelecção de sua negação, de seu necessário perecimento. Além disso, apreende toda forma desenvolvida no fluxo do movimento, portanto, incluindo o seu lado transitório; porque não se deixa intimidar por nada e é, por essência, crítica e revolucionária.[3]

---

[3] Ibidem, p. 91.

Em *O capital*, a dialética não se limitava a pôr em relevo a origem e o desenvolvimento do capitalismo, mas enfatizava sobretudo as tendências que o conduziam até sua morte inevitável. Mais do que fazer uma radiografia do capital, dá-lhe um certificado de óbito antecipado.

## *O capital* e a luta do proletariado

É sobre essas bases que se assenta a atualidade de *O capital*. Longe de fazer simplesmente uma descrição da miséria que o capitalismo causa – muitas vezes admitida pelos próprios representantes das classes dominantes –, oferece aos trabalhadores o conhecimento das raízes dessa miséria nos mecanismos do regime social – no qual ela é inevitável – e estabelece as condições para seu fim: a supressão do próprio capitalismo. Do ponto de vista dos operários, que se organizam dia após dia para lutar contra a exploração, *O capital* fornece os elementos para sua transformação em classe operária consciente, organizada em partido e dotada de um programa que abra o caminho para a derrota definitiva dos exploradores e de seu regime de escravidão assalariada.

A rebelião da classe operária, como vimos, é muito anterior ao conhecimento científico dos mecanismos da exploração capitalista. Mas, se essa vontade de luta – o mais imprescindível fermento revolucionário – não estiver acompanhada da compreensão das condições necessárias para sua vitória, se arrebentará inevitavelmente contra o muro político e repressivo erguido pelo Estado capitalista.

## II
## A exploração capitalista

João, operário metalúrgico, dirige-se todas as manhãs para trabalhar na fábrica. Lá chegando, começa sua jornada diária ao lado da máquina.

Em que consiste, à primeira vista, o seu trabalho?

Em transformar uma matéria-prima – ou um produto semielaborado – em alguma coisa útil, isto é, em um valor de uso.

Como ele faz isso?

Transformando os objetos de trabalho (matérias-primas, insumos) com a ajuda dos meios de trabalho (ferramentas, máquinas) dos quais dispõe. Em síntese: sua atividade consiste em transformar um produto da natureza (bruto ou semielaborado) mediante seu trabalho, cuja força é multiplicada pelos meios de trabalho (máquinas e ferramentas).

Em que esse processo de trabalho se diferencia de uma atividade formalmente igual realizada por um animal, por exemplo, a construção perfeita das colmeias feita pelas abelhas? Qual é a sua qualidade especificamente humana?

Enquanto a abelha e a aranha "trabalham" por puro instinto – as colmeias e as teias são as mesmas há milhões de anos –, o homem trabalha com um plano prévio em sua cabeça do que irá executar: desde a utilização da pedra para cortar até a utilização de um computador para pôr um satélite artificial em órbita. Esse fenômeno está presente em toda a história do trabalho humano, capaz de transformar a natureza.

Em que se diferencia, por outro lado, a atividade de João daquela de um artesão da Idade Média, ou de um caçador das tribos primitivas, do ponto de vista da criação de valores de uso?

Em nada, pois, salvo o fato de que os instrumentos de trabalho estão agora muito mais aperfeiçoados, o caçador com sua lança, o artesão com seu martelo ou João com seu torno ou seu computador simplesmente multiplicam (em medidas muito diferentes) sua força de trabalho, visando à criação de alguma coisa útil: um alimento, um sapato, uma peça de automóvel. Os instrumentos de trabalho, por si só, são incapazes de criar alguma coisa sem a força de trabalho humana.

Esse processo de trabalho é um patrimônio comum a todas as sociedades, que existem por meio do trabalho e graças a ele. As forças produtivas de todas as sociedades – o grau de desenvolvimento da técnica e da organização social do trabalho – são sempre as forças produtivas do trabalho social.

Do ponto de vista da criação de valores de uso, não há uma diferença qualitativa entre o trabalho de João, operário moderno, e o do artesão, do escravo ou do caçador primitivo.

Mas, enquanto o caçador e o agricultor primitivos repartiam e consumiam com seus semelhantes o produto de seu trabalho, enquanto o escravo trabalhava para o consumo direto de seu dono e, secundariamente, dele mesmo, enquanto o artesão trocava ou vendia, de forma autônoma, os produtos de seu trabalho, João, operário moderno, trabalha sob o controle de um capitalista, ou de seu representante (gerente ou capataz), que faz ele e seus companheiros produzirem para depois levar ao mercado o produto desse trabalho: produtos que não possuem nenhum valor de uso para seu dono, o capitalista, mas têm valor para outros, seus compradores no mercado. Para o capitalista, só possuem valor de troca, ou seja, a propriedade de trocar-se por outros produtos no mercado; ou, o que é a mesma coisa, de vender-se (por meio do dinheiro, papel-moeda, cheque ou cartão de débito/crédito) para comprar depois outros produtos: são mercadorias.

Por que o capitalista pode fazer isso?

Porque ele é o dono dos objetos e meios de trabalho (os meios de produção), sem os quais o processo de trabalho é impossível. Em consequência, os operários são obrigados a vender sua força de trabalho, cujo uso, durante oito horas diárias ou mais, o capitalista comprou, mediante um salário.

A relação entre capital e trabalho assalariado como fenômeno social dominante é historicamente recente. Sua forma particular é aquela que corresponde à separação dos produtores de seus meios de produção e ao surgimento da classe trabalhadora moderna, resultante da expropriação dos trabalhadores de suas condições e meios de trabalho:

> O processo que cria a relação capitalista não pode ser senão o processo de separação entre o trabalhador e a propriedade das condições de realização de seu trabalho, processo que, por um lado transforma em capital os meios sociais de subsistência e de produção e, por outro, converte os produtores diretos em trabalhadores assalariados.[1]

O trabalho assalariado é a conversão da capacidade de trabalhar (ou força de trabalho) em mercadoria, e sua delimitação numa esfera definida da vida social.

---

[1] Karl Marx, *O capital: crítica da economia política*, Livro I: *O processo de produção do capital* (2. ed., trad. Rubens Enderle, São Paulo, Boitempo, 2017). p. 786.

Uma vez que diferentes mercadorias estão no mercado, em que proporção serão trocadas? Qual será o seu valor?

Tais mercadorias são fruto de trabalhos muito diferentes, realizados com máquinas, ferramentas e habilidades bastante diversas: a do carpinteiro, a do operário têxtil, a do trabalhador metalúrgico ou a do operador de computador. Mas todas têm em comum o fato de serem frutos do trabalho humano, executado com grau de habilidade médio, e mais ou menos potencializado pelos instrumentos de trabalho. As mercadorias serão trocadas umas pelas outras, então, de acordo com a quantidade de trabalho humano em geral, *trabalho humano abstrato*, contido nelas. Essa quantidade é medida em tempo – por exemplo, em horas de trabalho. Se um automóvel é equivalente a mil pares de sapatos, é porque contém mil vezes mais tempo de trabalho humano. A substância do valor das mercadorias é o trabalho humano em geral contido nelas.

Mas, para o capitalista, tal operação – produção e venda no mercado – só tem sentido se, por meio dela, ele pode obter um lucro, isto é, se consegue fazer "seus" operários produzirem mercadorias cujo valor cubra e supere a soma dos valores investidos na produção: em máquinas, matérias-primas, força humana de trabalho (salários) etc.

Sob o capitalismo, portanto, o processo de trabalho – criador de valores de uso – é apenas um suporte do processo de valorização, no decorrer do qual será criado um valor superior à soma dos valores investidos no seu início.

Por exemplo:

O capitalista desembolsa para pagar máquinas, matérias-primas e salários o equivalente a ................ 7 horas

E obtém no final do processo produtivo uma mercadoria
cujo valor é equivalente a ........................................ 11 horas

Diferença (novo valor): ............................................ 4 horas

Como isso é possível?

Isso seria possível apenas se uma das mercadorias utilizadas no processo de trabalho fosse capaz de criar um valor suplementar – um novo valor – no decorrer do processo; apenas se fosse capaz de multiplicar o próprio valor. Vejamos se alguma das mercadorias utilizadas no processo de trabalho é capaz de executar tal proeza.

Como vimos na descrição inicial do processo, as máquinas e ferramentas não realizam nenhum trabalho, apenas se limitam a multiplicar a força de trabalho humana. Não criam, portanto, nenhum valor, pois este é composto por uma determinada quantidade de trabalho; as máquinas, ferramentas e matérias-primas apenas se limitam a transmitir, durante o processo de valorização, desgastando-se ou sendo consumidas, o valor que já possuíam, por serem produtos do trabalho humano.

Quem cria o novo valor não é, portanto, nem a máquina nem a matéria-prima, e sim a força de trabalho, que é essencialmente humana. Para podermos entender melhor, vamos observar mais de perto essa mercadoria.

Qual é o seu valor de uso? (Utilizado pelo seu comprador, o capitalista.)

O seu valor de uso é sua capacidade de trabalhar durante certo período; em nosso caso, durante oito horas.

Qual é, por outro lado, o seu valor? (Ou seja, o que o capitalista paga para comprá-la.)

Como qualquer outra mercadoria, o valor da força de trabalho equivale à quantidade de tempo necessária para produzi-la. E o que é necessário para produzir a força de trabalho humana? A quantidade de trabalho necessária para produzir os meios de subsistência de João e sua família: habitação, comida, roupas – a *renda familiar*. Sob a produtividade alcançada pelo capitalismo, isso equivale, por exemplo, a quatro horas de trabalho social diário.

Para usar, então, a força de trabalho de João durante uma jornada de oito horas, o capitalista pagou no mercado o seu valor real, mas este é de quatro horas.

Assim, o capitalista paga:
Se a máquina custou mil horas de trabalho e se desgasta
um milésimo por dia (desgaste da máquina).............. 1 hora
Se as matérias-primas custaram duas horas de
trabalho ...................................................................2 horas
Salário (valor da força de trabalho) ........................4 horas
Total..........................................................................7 horas

Então vende a mercadoria no mercado pelo valor de:
Máquinas ................................................................. 1 hora
Matérias-primas......................................................2 horas
Trabalho do operário ..............................................8 horas
Total........................................................................11 horas

Onze horas menos sete horas = quatro horas. Essa é a diferença que o capitalista embolsa; é o novo valor, o mais-valor, embora o capitalista o denomine *lucro*.

Para o capitalista, portanto, o objetivo do processo de trabalho é a valorização de seu capital mediante a obtenção de mais-valor.

A jornada de trabalho de João pode ser dividida em:

| 8 horas ||
|---|---|
| 4 horas | 4 horas |
| Parte da jornada na qual o operário cria os valores equivalentes ao valor de seus meios de subsistência (o salário): *trabalho necessário*. | Parte da jornada na qual o operário trabalha de graça para o capitalista, produzindo mais-valor, que é embolsada pelo capitalista: *trabalho excedente*. |

A força de trabalho é, portanto, a única mercadoria cujo valor de uso consiste em criar valores superiores àqueles que são necessários para produzi-la, ou seja, valores superiores aos de produtos da renda familiar que permitem a sobrevivência e a reprodução da família de João.

A extração de mais-valor (mv) do trabalho do operário pelo capitalista constitui a exploração capitalista do trabalho assalariado, fundamento da sociedade em que vivemos.

Do ponto de vista do capital (K), a parte do mais-valor aplicada na compra de máquinas, matérias-primas, edifícios etc. é chamada de capital constante (c), pois seu valor se mantém inalterado (constante) durante o processo de produção.

Por outro lado, a parte do mais-valor aplicada na compra da força de trabalho é chamada de capital variável (v), pois seu valor (neste exemplo, quatro horas) é inferior ao valor que acrescenta às mercadorias no processo de valorização (oito horas).

O capital (K) é composto pela soma do capital constante, do capital variável e do mais-valor:

$$K = c + v + mv$$

O grau em que o capital explora a força de trabalho se mede por meio da taxa de mais-valor (t.mv) ou taxa de exploração:

$$t.mv = \frac{mv \text{ (mais-valor)}}{v \text{ (capital variável)}}$$

A equação indica a proporção existente entre a parte necessária e a parte excedente (produtora de mais-valor) da jornada de trabalho.

A unidade do processo de trabalho com o processo de valorização, característica do atual regime de produção de mercadorias, constitui o processo de produção capitalista.

Na medida em que a transformação da natureza requer a atuação do corpo humano, o trabalho produtor de riqueza social é necessariamente um trabalho físico ou manual, ou, nas palavras de Marx: "Como o homem necessita de um pulmão para respirar, ele também necessita de uma 'criação da mão humana' para poder consumir forças da natureza de modo produtivo"[2]. No capitalismo, a classe operária é a responsável por essa criação. Seu corpo deve ser preparado e disciplinado para produzi-la. A classe operária moderna surgiu quando a força de trabalho foi transformada em mercadoria; na época da formação do capitalismo, essa transformação foi marcada por uma violenta e continuada expropriação das condições de sobrevivência dos trabalhadores, incluindo seus conhecimentos adquiridos e suas formas e habilidades de/para produzir. A formação do proletariado na Europa aconteceu pela via da expropriação da população rural, que se estendeu desde finais do século XV

---

[2] Ibidem, p. 566.

até a primeira metade do século XVII, com a intervenção do Estado na expropriação das massas camponesas e também em sua proletarização efetiva, ou seja, em sua incorporação ao processo capitalista de produção. A massa de camponeses expropriados e de antigos soldados feudais licenciados foi obrigada a acorrer às cidades em busca de trabalho e meios de subsistência. Mas,

> expulsos pela dissolução dos séquitos feudais e pela expropriação violenta e intermitente de suas terras, esse proletariado inteiramente livre não podia ser absorvido pela manufatura emergente com a mesma rapidez com que fora trazido ao mundo. Por outro lado, os que foram repentinamente arrancados de seu modo de vida costumeiro tampouco conseguiam se ajustar à disciplina da nova situação. Converteram-se massivamente em mendigos, assaltantes, vagabundos, em parte por predisposição, mas na maioria dos casos por força das circunstâncias. Isso explica o surgimento, em toda a Europa ocidental, no final do século XV e ao longo do século XVI, de uma legislação sanguinária contra a vagabundagem. Os pais da atual classe trabalhadora foram inicialmente castigados por sua metamorfose, que lhes fora imposta, em vagabundos e *paupers*. A legislação os tratava como delinquentes "voluntários" e supunha depender de sua boa vontade que eles continuassem a trabalhar sob as velhas condições, já inexistentes.[3]

Dentro do *factory system* (sistema de fábricas) surgiu a classe operária como produto do processo econômico: depois de passar por várias etapas de concentração (cooperação, manufatura), a produção ocorria agora em amplas

---
[3] Ibidem, p. 805-6.

unidades organizadas em torno de máquinas, e envolvendo uma divisão de trabalho altamente complexa. A verdadeira alavanca do processo de trabalho global passa a ser cada vez mais não o trabalhador individual, mas a força de trabalho socialmente combinada, criando o "trabalhador coletivo", do qual os indivíduos são membros agrupados pelo esforço conjunto de produzir mercadorias.

## III
# Mais-valor absoluto e mais-valor relativo

O processo de produção capitalista é, ao mesmo tempo, processo de trabalho (criador de valores de uso) e processo de valorização do capital, por meio da extração de mais-valor mediante o uso do trabalho do operário. A obtenção e o acréscimo de mais-valor é a finalidade de cada capitalista individual e do modo de produção capitalista em seu conjunto. Cada capitalista se contrapõe aos operários que ele explora e se encontra em situação de concorrência com os outros capitalistas pela obtenção de uma porção maior de mais-valor social.

De quais métodos o capitalista se utiliza para obter um mais-valor cada vez maior, que lhe permita sobreviver, ser vitorioso e crescer na concorrência entre capitais?

### Mais-valor absoluto (aumento absoluto do mais-valor)

Quando o capitalista consegue impor aos operários um aumento no gasto de força de trabalho humana, se produz um aumento absoluto do mais-valor obtido: chamamos isso de *mais-valor absoluto*.

Exemplos: um prolongamento da jornada de trabalho de oito para doze horas ou uma intensificação do ritmo de produção durante a jornada – que é equivalente ao aumento da jornada, pois, ao multiplicar o ritmo de trabalho, o capitalista consegue, por exemplo, que se produza em uma jornada o que antes era produzido em uma jornada e meia:

Se em oito horas são produzidas ....................... 10 cadeiras
Em uma jornada de trabalho de doze horas serão
produzidas ....................................................... 15 cadeiras
E em uma jornada de oito horas, com um ritmo de
produção 50% mais intenso, serão produzidas... 15 cadeiras

Tais métodos de obtenção de mais-valor absoluto têm uma série de limites. Em primeiro lugar, limites físicos, pois é evidente que é impossível estender indefinidamente a jornada de trabalho; do mesmo modo, o ritmo de trabalho não pode ser aumentado até o ponto de comprometer a qualidade da peça fabricada.

No começo do capitalismo, a fome de mais-valor dos capitalistas fez com que eles ignorassem até mesmo esses limites, comprometendo a própria existência física da classe operária. Um deputado do Parlamento inglês declarou em 1863: "A indústria do algodão existe há 90 anos [...]. Em três gerações da raça inglesa, ela devorou nove gerações de trabalhadores algodoeiros"[1]. As brutais jornadas de dezesseis horas fizeram baixar perigosamente a média de vida dos operários, pondo em risco a própria reprodução física dessa classe.

O grito de alerta partiu da própria burguesia, pois sem operários não existiria exploração nem mais-valor. "As

---

[1] Karl Marx, *O capital: crítica da economia política*, Livro I: *O processo de produção do capital* (2. ed., trad. Rubens Enderle, São Paulo, Boitempo, 2017), p. 339.

primeiras limitações legais da jornada máxima foram arrancadas mais pelo simples instinto de conservação da sociedade capitalista do que pela pressão dos operários."[2]

Foi assim que a burguesia fez aprovar as primeiras leis relativas à duração da jornada de trabalho e ao trabalho de mulheres e crianças. Mas, em seguida, outro limite decisivo veio opor-se à gula do capital pelo mais-valor absoluto: a organização sindical e política da classe trabalhadora. A luta pela diminuição da jornada foi a base da primeira organização política independente da classe operária – o movimento "cartista" da Inglaterra, atuante entre 1837 e 1848 – e dos primeiros sindicatos. O primeiro triunfo nessa luta pela jornada de dez horas, obtido na Inglaterra em 1844, foi, para Marx, o primeiro triunfo da economia política da classe operária sobre a economia política capitalista. Algumas décadas depois, a jornada de oito horas foi o motivo da primeira grande batalha internacional dos trabalhadores, durante a qual foi lançada a jornada de luta do 1º de Maio como "Dia Internacional dos Trabalhadores".

**Mais-valor relativo (aumento relativo do mais-valor)**

Existem, porém, outros métodos por meio dos quais a extração cada vez maior de mais-valor do trabalho operário praticamente não conhece limites. Trata-se das inovações técnicas, isto é, do aumento relativo do valor do capital constante – máquinas – em relação ao variável – o trabalho

---

[2] Rosa Luxemburgo, *Introdução à economia política*. Disponível em: <https://elsudamericano.files.wordpress.com/2018/09/140-intro-econ-polit-luxemburg.pdf>, p. 237; acesso em: 20 mar. 2020. Tradução nossa.

vivo. Essas inovações têm por objetivo um aumento da produtividade do trabalho, e como consequência, uma queda do valor das mercadorias, pois se reduz o tempo de trabalho necessário para produzi-las. Mas, ao reduzir o valor de conjunto das mercadorias, reduz-se também o valor das mercadorias que constituem os meios de subsistência dos operários: a *renda familiar*.

Ao se reduzir o valor dos meios de subsistência, reduz-se ao mesmo tempo o trabalho necessário, ou seja, aquela fração da jornada de trabalho durante a qual o operário produz valores equivalentes à renda de que ele necessita – em nosso exemplo, reduz-se, digamos, de quatro horas para três horas. Mas a jornada de trabalho permanece constante: oito horas. Dessa forma, o trabalho excedente, o mais-valor extraído pelo capitalista, aumenta na mesma proporção em que o trabalho necessário diminui: em nosso exemplo, de quatro horas para cinco horas.

Exemplo:

Antes:

| 4 horas | 4 horas |
|---|---|
| 8 horas ||
| *Trabalho necessário* (durante o qual o operário produz o equivalente – em tempo de trabalho – a seus meios de subsistência). | *Trabalho excedente* (durante o qual o operário produz valores que serão embolsados pelo capitalista: o mais-valor). |

Acontece uma inovação técnica que aumenta a produtividade do trabalho, inclusive naqueles ramos da indústria que produzem os meios de subsistência dos trabalhadores, ou seja, alimentação, vestuário, habitação etc.:

Agora:

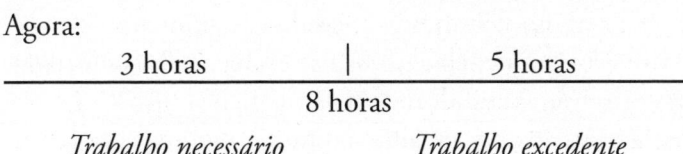

| 3 horas | 5 horas |
|---|---|
| 8 horas ||
| *Trabalho necessário* | *Trabalho excedente* |

Observemos que não é necessário produzir um aumento da jornada de trabalho, e tampouco uma queda do poder aquisitivo do salário. Em nosso caso, o poder aquisitivo do salário se mantém constante; só que a quantidade de trabalho social necessária para produzir os meios de subsistência da classe operária baixou de quatro horas para três horas, e aumentou na mesma proporção (uma hora) o trabalho excedente que passa a encher os bolsos do capitalista, sob a forma de mais-valor.

Fica fácil compreender que é essa obtenção de mais-valor relativo, e não as considerações morais sobre o "progresso humano" que os economistas burgueses alardeiam, o motor da corrida para o progresso técnico (a constante revolução dos meios de produção) que caracteriza a história do capitalismo. Conforme Marx, "o impulso imanente e a tendência constante do capital a aumentar a força produtiva do trabalho para baratear a mercadoria e, com ela, o próprio trabalhador"[3].

Vejamos a síntese de Marx: "Ao mais-valor obtido pelo prolongamento da jornada de trabalho chamo de mais-valor absoluto; ao mais-valor que, ao contrário, deriva da redução do tempo de trabalho necessário e da correspondente alteração na proporção entre as duas partes da jornada de trabalho chamo de mais-valor relativo"[4].

---

[3] Karl Marx, *O capital*, Livro I, cit., p. 394.
[4] Ibidem, p. 390.

Na realidade, ambos os métodos de aumento do mais-valor (absoluto e relativo) não se excluem. Pelo contrário, os capitalistas se esforçam para aumentar o ritmo e a duração da jornada de trabalho, ao mesmo tempo que substituem trabalho vivo por trabalho morto (máquinas), com a finalidade de aumentar a produtividade, sua posição diante de outros capitalistas no mercado e, em suma, o mais-valor extorquido do trabalhador.

O propósito das constantes transformações do processo de trabalho no capitalismo é aumentar a taxa de exploração por meio da produção de mais-valor relativo.

> Como qualquer outro desenvolvimento da força produtiva do trabalho, ela [a maquinaria] deve baratear mercadorias e encurtar a parte da jornada de trabalho que o trabalhador necessita para si mesmo, a fim de prolongar a outra parte de sua jornada, que ele *dá* gratuitamente para o capitalista. A maquinaria é meio para a produção de mais-valor.[5]

## As etapas do desenvolvimento capitalista

Na luta pelo aumento do mais-valor relativo, o capitalismo se vê obrigado a aperfeiçoar e revolucionar seus métodos de produção. É possível distinguir três grandes etapas desse processo na formação do modo de produção capitalista:

1. Cooperação: No início do atual modo de produção, os primeiros capitalistas foram aqueles que contaram com dinheiro suficiente para adquirir matéria-prima e

---

[5] Ibidem, p. 548.

instrumentos de produção, que depois eram distribuídos aos trabalhadores sem meios de produção, os quais executavam os trabalhos encomendados. Eles realizavam o trabalho em seus domicílios, um fato característico sobretudo das primeiras etapas da produção têxtil.

Um salto no desenvolvimento das forças produtivas sociais aconteceu quando foi possível reunir sob um mesmo teto os meios de trabalho e os trabalhadores. Para isso, foi preciso enfrentar as regulamentações dos grêmios medievais, que impediam aqueles que não eram seus filiados de executar o ofício correspondente; muitas das primeiras oficinas se localizavam fora das cidades para escapar desse controle. Depois, com o auge da produção capitalista empregando mão de obra assalariada, as "corporações" e os "grêmios" foram varridos do mapa por meio de uma série de revoluções. Do ponto de vista da produtividade, a cooperação nas oficinas possui vantagens evidentes em relação ao trabalho domiciliar: permite um incentivo e uma nivelação dos trabalhadores baseando-se no trabalhador mais rápido e mais hábil e permite um controle direto do capitalista sobre a qualidade e o ritmo de trabalho. O processo de trabalho ainda se mantém, sem dúvida, em nível artesanal: cada trabalhador processa a totalidade do produto, desde a primeira até a última fase.

2. MANUFATURA: Corresponde a uma maior divisão do trabalho no interior da oficina ou da fábrica, consecutiva a um aperfeiçoamento das ferramentas de trabalho, e acarreta uma maior especialização do trabalhador. O processo de trabalho se divide em várias fases e cada trabalhador executa uma fase diferente. Por exemplo: na cooperação, cada fabricante de alfinetes produzia um alfinete; na manufatura, a

operação de produzi-lo se divide em várias fases, como cortar o arame, endireitá-lo, afiá-lo, colocar-lhe a cabeça etc., cada uma das quais executada por um operário diferente. As consequências são: aumento na velocidade e eficiência do trabalho, possibilidade de maior controle por parte do patrão, desqualificação do trabalhador e maior dependência deste em relação ao capitalista. O período de aprendizagem do ofício se encurta bastante, aumenta a mão de obra no nível de qualificação exigido, e começam a desaparecer as exigências individuais do operário diante do patrão, de que se queixavam os capitalistas anteriormente.

3. Maquinismo e grande indústria: É a grande evolução nos meios de produção que dá origem às características atuais do capitalismo: a grande fábrica e as grandes concentrações de trabalhadores (produto da "revolução industrial"). A máquina se impõe, isto é, impõe-se o princípio de um aparato – primeiro mecânico, depois elétrico e, finalmente, computadorizado –, que possui uma série de ferramentas trabalhando simultaneamente, aproveitando uma fonte de energia (água, vapor, combustível fóssil ou eletricidade). No início do maquinismo, alguém comparou a máquina a um "homem que possuía oito braços".

A introdução de máquinas em larga escala no processo produtivo necessitou de um avanço científico e tecnológico, mas não foi determinada por esse avanço. Sabe-se que os gregos antigos, por exemplo, já haviam dominado a energia do vapor, e tinham-na utilizado para a construção de uma série de aparatos bastante complexos, mas supérfluos (para diversão). Acontece que na antiga Grécia, uma sociedade escravocrata com mercados relativamente estreitos (se comparados aos de hoje), não existia a necessidade econômica e social de aplicar o maquinário na produção, imposição emergente para o jovem capitalismo europeu em inícios do século XIX: expandir a produção capitalista e extrair cada vez mais mais-valor.

A introdução da máquina no processo produtivo significa uma revolução dos meios de trabalho.

> O número de instrumentos de trabalho com que ele pode operar simultaneamente é limitado pelo número de seus instrumentos naturais de produção, seus próprios órgãos corporais [...]. O número de ferramentas que a máquina-ferramenta manipula simultaneamente está desde o início livre dos limites orgânicos que restringem a ferramenta manual de um trabalhador.[6]

Com as máquinas, as possibilidades de desenvolvimento das forças produtivas e, consequentemente, o barateamento do trabalho operário praticamente não conhecem limites.

O processo produtivo ganha, por um lado, em velocidade, pois uma máquina executa simultaneamente operações antes separadas, mas ganha sobretudo em continuidade, pois as máquinas permitem que o processo produtivo não sofra interrupção (por exemplo, a linha de montagem permanente), sendo possível fazer funcionar uma fábrica 24 horas por dia.

Contudo, como passaremos a ver, essa revolução em matéria de economia de trabalho humano converte-se, contraditoriamente, no grande meio de escravização dos trabalhadores.

---

[6] Ibidem, p. 448.

## Consequências do maquinismo para a classe operária

1. Desqualificação: O maquinismo implica um enorme aperfeiçoamento da divisão do trabalho no interior das fábricas e, em consequência, uma simplificação ao extremo dos procedimentos que cada operário deve realizar. Isso acarreta uma desqualificação em massa dos trabalhadores: ao dividir-se cada vez mais o processo de trabalho, cada operário domina uma parte cada vez menor do processo em seu conjunto. Com o aperfeiçoamento das máquinas, a qualificação exigida para operá-las é gradativamente menor: antes eram necessários anos para uma pessoa aprender um ofício, agora em poucas semanas é possível obter qualificação suficiente para desempenhar um trabalho numa linha de montagem. Quanto maior a desqualificação, maior é a dependência do operário em relação ao capitalista, pois este último tem à sua disposição um número muito maior de pessoas prontas a qualificar-se rapidamente para ocupar um posto de trabalho.

2. Aumento da jornada de trabalho: Uma consequência paradoxal de uma revolução que acarreta economia de trabalho humano.

> Se a maquinaria é o meio mais poderoso de incrementar a produtividade do trabalho, isto é, de encurtar o tempo de trabalho necessário à produção de uma mercadoria, ela se converte, como portadora do capital nas indústrias de que imediatamente se apodera, no meio mais poderoso de prolongar a jornada de trabalho para além de todo limite natural. [...] Na maquinaria adquirem autonomia, em face do operário, o movimento e a atividade operativa do meio de trabalho. Este se transforma, por si mesmo, num *perpetuum mobile*

[movimento perpétuo] industrial, que continuaria a produzir ininterruptamente se não se chocasse com certos limites naturais inerentes a seus auxiliares humanos: debilidade física e vontade própria. Como capital, e como tal o autômato tem no capitalista consciência e vontade, a maquinaria é movida pela tendência a reduzir ao mínimo as barreiras naturais humanas, resistentes, porém elásticas.[7]

Se a máquina, enquanto capital, pode vencer essas barreiras, quem as dirige, o capitalista sedento de mais-valor em proporções crescentes, tem interesse em vencê-las. Marx dá um exemplo simples:

> Uma máquina que funciona 16 horas por dia durante 7 anos e meio abrange um período de produção tão grande e adiciona ao produto tanto valor quanto a mesma máquina o faria se funcionasse apenas 8 horas por dia durante 15 anos. No primeiro caso, porém, o valor da máquina seria reproduzido [teria se transferido ao valor das mercadorias] duas vezes mais rapidamente do que no segundo e, por meio dela, o capitalista teria apropriado em 7 anos e meio tanto mais-trabalho quanto no segundo caso em 15 anos.[8]

É por isso que, no início do capitalismo, os capitalistas impuseram jornadas de trabalho de até dezesseis horas.

As máquinas sofrem, além de seu desgaste material, um desgaste "moral" (ficam obsoletas em relação a novas máquinas mais eficientes) com o constante aparecimento de novos modelos, mais baratos e aperfeiçoados, no mercado. O capitalista tem interesse em "amortizá-las", transferindo

---

[7] Ibidem, p. 475-6.
[8] Ibidem, p. 477.

seu valor aos produtos o mais rápido possível, para evitar que se desvalorizem. Para isso, usa um só método: fazê-las trabalhar sem parar; e, para isso, prolonga ao máximo a jornada de trabalho dos operários que as manuseiam. O maquinismo é o instrumento e o motivo mais poderoso para a tendência dos capitalistas a prolongar a jornada de trabalho até os limites físicos da classe operária.

3. EMBRUTECIMENTO DO TRABALHADOR: A simplificação das operações permite um controle mais estreito por parte do capitalista sobre o trabalho do operário. Este se vê obrigado a repetir mecânica e indefinidamente um mesmo gesto ao longo de toda a jornada de trabalho. O homem se transforma em um apêndice da máquina:

> Pela subordinação do homem à máquina [...] os homens se apagam diante do trabalho; [...] o movimento do pêndulo tornou-se a exata medida da atividade relativa de dois operários, como é do mesmo modo da velocidade de duas locomotivas. Então, não há por que dizer que uma hora [de trabalho] de um homem equivale a uma hora de outro homem; deve-se dizer, ao contrário, que um homem de uma hora vale tanto quanto outro homem de uma hora. O tempo é tudo, o homem não é mais nada; quando muito, ele é a carcaça do tempo.[9]

Sob o capitalismo, o enorme progresso econômico (produtivo) que significa o aperfeiçoamento da maquinaria se transforma no meio mais eficaz de desumanização do homem: o pleno desenvolvimento de suas possibilidades físicas e intelectuais (ou espirituais) é exatamente o oposto da

---

[9] Idem, *Miséria da filosofia: resposta à* Filosofia da miséria, *do sr. Proudhon* (trad. José Paulo Netto, São Paulo, Boitempo, 2017), p. 61.

unilateralidade repetitiva da tarefa à qual é constrangido pelo maquinismo.

4. DEGRADAÇÃO FÍSICA E MORAL DA JUVENTUDE: A simplificação das tarefas permite a incorporação de jovens sem profissão nem qualificação e até de crianças na fábrica, com a vantagem para o capitalista de receberem um salário menor. Se o maquinismo é devastador para o operário adulto, por outro lado prejudica seriamente o desenvolvimento mental e físico da criança. Na Inglaterra do século XIX, a situação chegou a alarmar a própria burguesia:

> A devastação intelectual, artificialmente produzida pela transformação de seres humanos imaturos em meras máquinas de fabricação de mais-valor [...] acabou por obrigar até mesmo o Parlamento inglês a fazer do ensino elementar a condição legal para o uso 'produtivo' de crianças menores de 14 anos em todas as indústrias sujeitas à lei fabril.[10]

A burguesia inglesa burlou mais de uma vez essa lei, até que o movimento operário lhe impôs conquistas mais substanciais para evitar o trabalho infantil, reivindicação pela qual lutou o movimento operário organizado de todos os países. O trabalho infantil não é, sem dúvida, coisa só do século XIX: em vários países ele sobrevive e abarca setores industriais inteiros (na Índia, só meninos trabalham nas fábricas de fósforos, mercadoria que depois é exportada para a Inglaterra), incluindo o Brasil.

5. INCORPORAÇÃO DAS MULHERES E DAS CRIANÇAS À PRODUÇÃO: Várias tarefas fabris tornaram-se mais leves, permitindo

---

[10] Idem, *O capital*, Livro I, cit., p. 473.

que, junto com os filhos, a mulher se incorporasse à fábrica. A diminuição dos cuidados com os filhos provocou, logo de início, um grande aumento da mortalidade infantil em todos os distritos fabris com trabalho feminino. Depois que o movimento operário conseguiu impor uma legislação sobre maternidade, as consequências duradouras do trabalho feminino foram: uma quebra da economia doméstica da classe operária, pois a mulher não pôde continuar cumprindo seu papel tradicional de economista doméstica, e uma queda no valor da força de trabalho, posto que as necessidades de subsistência do lar operário, que antes deveriam ser cobertas por um só salário, agora poderiam ser cobertas por dois, três, quatro e ainda mais (o salário do homem, de sua mulher e de seus filhos).

A maior oferta de mão de obra no mercado de trabalho, determinada pela incorporação da mulher, dos adolescentes e das crianças, fez com que os salários fossem reduzidos até esse nível. Segundo levantamentos da primeira metade do século XIX, metade dos filhos dos operários têxteis ingleses morria antes dos dois anos. Ainda em 1866, a mortalidade infantil atingia 35% dos filhos dos tecelões de seda de Lyon (os *canuts*), na França. A vantagem dos sobreviventes era relativa, pois a condição dos proletários se reproduzia em seus filhos e nos filhos de seus filhos. Essa era a "sociedade livre" baseada na "igualdade de oportunidades" cara aos liberais. Nada havia melhorado em relação ao começo do século XIX, quando mais de três quartos das crianças abandonadas à assistência pública na França morriam em um ano. Em 1850, não era certo que 10% delas atingissem o vigésimo ano de vida. Isso sem falar na degradação física: em 1837, na França, dentre os 10 mil jovens requisitados para o serviço militar dos dez principais departamentos manufatureiros, 8.980 eram inválidos ou possuíam deformidades físicas. Na mesma época, um industrial de Lille escrevia: "A sorte dos operários não é má. Seu trabalho não é excessivo, já que não ultrapassa treze horas. Quem deve se lamentar é o manufatureiro, pois seus lucros são pequenos".

A exploração capitalista chegou a ameaçar a reprodução social e até a segurança dos Estados. Na Bélgica de inícios do século XIX, foram deputados monarquistas e conservadores aqueles que advertiram, alarmados, que o trabalho fabril estava produzindo uma geração de "aleijados", incapazes de pegar e manejar armas em defesa da nação, originando assim as primeiras "leis sociais" no mais (proporcionalmente) industrializado dos países da Europa: "As primeiras limitações legais da jornada máxima de trabalho foram arrancadas mais pelo simples instinto de conservação da sociedade capitalista do que pela pressão dos operários"[11]. Assim também aconteceu na Inglaterra, onde os "conservadores sociais" (como Benjamin Disraeli), representantes da antiga aristocracia, eram mais favoráveis à legislação social do que os *whigs* (liberais), representantes da nova burguesia de negócios e partidários da "liberdade econômica" até o esgotamento da capacidade de resistência corporal dos explorados fabris. A cegueira liberal não era (só) ideológica; ela possuía bases muito sólidas na nova lógica econômica capitalista.

---

[11] Rosa Luxemburgo, *Introdução à economia política*, cit., p. 237.

# IV
# O salário

Como já foi visto, durante uma jornada de trabalho o operário produz os valores equivalentes a seus meios de subsistência (trabalho necessário) e um valor não retribuído, o mais-valor, que é embolsado pelo capitalista (trabalho excedente). O salário que é pago parece retribuir a totalidade do trabalho efetuado. Assim, nos acordos de trabalho, estabelece-se um salário por hora para cada categoria ($100 por hora, por exemplo) e depois se paga de acordo com o total das horas trabalhadas (8 horas – $800 / 200 horas – $20.000). É fácil compreender que, se fosse assim, o capitalista não teria lucro nenhum: se um operário produziu valores iguais a $800, e o capitalista lhe pagou $800, a diferença (lucro) a favor do capitalista é igual a zero. Como acontece tal confusão?

Marx desvendou o mistério ao demonstrar que o capitalista não compra o trabalho do operário, e sim sua força de trabalho, que é inseparável dele.

> Para ser vendido no mercado como mercadoria, o trabalho teria, ao menos, de existir antes de ser vendido. Mas se o trabalhador pudesse dar ao trabalho uma existência independente, o que ele venderia seria uma mercadoria, e não trabalho. [...] No mercado, o que se contrapõe diretamente ao possuidor de dinheiro não é, na realidade, o trabalho, mas o trabalhador. O

que este último vende é a sua força de trabalho. Mal seu trabalho tem início efetivamente e a força de trabalho já deixou de lhe pertencer, não podendo mais, portanto, ser vendida por ele. O trabalho é a substância e a medida imanente dos valores, mas ele mesmo não tem valor nenhum. [...] O que ela [a economia] chama de valor do trabalho (*value of labour*) é, na verdade, o valor da força de trabalho, que existe na personalidade do trabalhador e é tão diferente de sua função, o trabalho, quanto uma máquina de suas operações.[1]

O salário mantém a ficção de que o capitalista comprou apenas as operações da máquina (o trabalho), quando o que ele comprou é a própria máquina, a força de trabalho do operário, a qual deixou de pertencer-lhe pelo período em que a vendeu ao capital. A força de trabalho possui, como vimos, uma característica peculiar: a de, diferentemente de outras mercadorias, ser capaz de criar mais valores do que aqueles necessários para produzi-la e reproduzi-la. Ou seja, o capitalista compra a força de trabalho de um operário por \$400; durante quatro horas o operário produz mercadorias no valor de \$400, mas sua jornada de trabalho não acaba aí: ele continua trabalhando por mais quatro horas, durante as quais produz mercadorias no valor de \$400, pois isso fora estabelecido no contrato de trabalho. Esses \$400 complementares o capitalista embolsa sem pagar: são o mais-valor. O capitalista avaliou cada hora de trabalho do operário em \$50 (\$400/8 horas), mas durante cada hora de trabalho o operário produziu mercadorias com valor equivalente a \$100 (\$800/8 horas = \$100). Durante o processo

---

[1] Karl Marx, *O capital: crítica da economia política*, Livro I: *O processo de produção do capital* (2. ed., trad. Rubens Enderle, São Paulo, Boitempo, 2017). p. 607-9.

de produção, portanto, o operário está *permanentemente* produzindo mais-valor para o capitalista.

O salário é a expressão monetária do valor da força de trabalho, sendo regulado por uma lei natural.

> O limite último ou mínimo do valor da força de trabalho é constituído pelo valor de uma quantidade de mercadorias cujo fornecimento diário é imprescindível para que o portador da força de trabalho, o homem, possa renovar seu processo de vida; tal limite é constituído, portanto, pelo valor dos meios de subsistência fisicamente indispensáveis. [...]. Seu valor [da força de trabalho], como o de qualquer outra mercadoria, estava fixado antes de ela entrar em circulação, pois uma determinada quantidade de trabalho social foi gasta na produção da força de trabalho, porém seu valor de uso consiste apenas na exteriorização posterior dessa força. Por essa razão, a alienação da força e sua exteriorização efetiva, isto é, sua existência como valor de uso, são separadas por um intervalo de tempo. Mas em tais mercadorias, em que a alienação formal do valor de uso por meio da venda e sua transferência efetiva ao comprador não são simultâneas, o dinheiro do comprador funciona, na maioria das vezes, como meio de pagamento. Em todos os países em que reina o modo de produção capitalista, a força de trabalho só é paga depois de já ter funcionado pelo período fixado no contrato de compra, por exemplo, ao final de uma semana. Desse modo, o trabalhador adianta ao capitalista o valor de uso da força de trabalho; ele a entrega ao consumo do comprador antes de receber o pagamento de seu preço e, com isso, dá um crédito ao capitalista.[2]

---

[2] Ibidem, p. 247-9.

A reprodução do capital implica a reprodução da força de trabalho na medida necessária à acumulação de capital: "A manutenção e reprodução constantes da classe trabalhadora continuam a ser uma condição constante para a reprodução do capital"[3].

Em síntese: o salário cumpre a função de ocultar o trabalho não pago, que é embolsado pelo capitalista. Aparece como pagamento do trabalho realizado pelo operário, mas, na realidade, é o pagamento da produção e reprodução de sua força de trabalho, ou seja, dos meios de subsistência necessários para manter o operário vivo e trabalhando. É sobre essa ficção que se constrói todo o edifício da legislação trabalhista, os contratos de trabalho, etc. Trata-se de uma mistificação que cumpre a função de manter os operários acorrentados à exploração capitalista.

### Salário relativo

O valor da força de trabalho é determinado pelo valor dos meios de subsistência dos trabalhadores. Qualquer um pode perceber que o que é considerado "meio de subsistência" varia de um país para outro e de uma época para outra. Diferentemente das outras mercadorias, na determinação do valor da força de trabalho se incorpora um elemento "histórico e moral". Para Marx, "devemos considerar todos os momentos determinantes da variação na grandeza de valor da força de trabalho: preço e volume das necessidades vitais elementares, natural e historicamente desenvolvidas, custos da educação do trabalhador, papel do trabalho

---

[3] Ibidem, p. 647.

feminino e infantil, produtividade do trabalho, sua grandeza extensiva e intensiva"[4], ou ainda "a extensão das assim chamadas necessidades imediatas, assim como o modo de sua satisfação, é ela própria um produto histórico e, por isso, depende em grande medida do grau de cultura de um país, mas também, entre outros fatores, de sob quais condições e, por conseguinte, com quais costumes e exigências de vida constituiu-se a classe dos trabalhadores livres num determinado local"[5].

As condições naturais e o desenvolvimento cultural em um dado país em dada época determinam o que deve ser considerado como "imprescindível para a subsistência". Mais importante ainda: a luta dos trabalhadores para melhorar suas condições de vida pode fazê-los chegar a obter conquistas estáveis, cujos resultados começam a fazer parte dos "meios imprescindíveis de subsistência". Hoje em dia consideram-se imprescindíveis as geladeiras, as máquinas de lavar roupas, a televisão e, em certos países, até mesmo o automóvel (inclusive para poder trabalhar). Mas o que o capitalista dá com uma mão, tira com a outra. O aumento do poder aquisitivo do salário não significa, necessariamente, a diminuição da exploração do operário, isto é, a redução do mais-valor extraído pelos capitalistas. Torna-se necessário levar em conta a noção de *salário relativo*, que é exatamente o contrário da taxa de mais-valor:

$$\frac{\text{taxa de}}{\text{mais-valor}} = \frac{\text{mais-valor}}{\text{capital variável}} \times \frac{\text{salário}}{\text{relativo}} = \frac{\text{capital variável}}{\text{mais-valor}}$$

---

[4] Ibidem, p. 631.
[5] Ibidem, p. 246.

Se a taxa de mais-valor mede o grau de exploração, o salário relativo mede a proporção em que o operário trabalha para a sua sobrevivência em relação àquela em que o faz gratuitamente para o capitalista, ou seja, a proporção em que os trabalhadores apoderam-se da riqueza por eles criada. Um aumento no poder aquisitivo do salário (salário real) não significa necessariamente (e geralmente não significa) uma diminuição da exploração se está acompanhado de um aumento superior da produtividade ou da intensidade do trabalho (ou de ambos). Os salários podem aumentar, aumentando igualmente a massa (quantidade) e a taxa (percentual) do mais-valor, como no exemplo que segue:

Se ontem, com uma produtividade x1, se produzia .... $200
e os salários eram iguais a ............................................... $100
o mais-valor era de ........................................................ $100

Hoje, com uma produtividade x2, se produzem ......... $400
e os salários serão iguais a ............................................. $150
porém, o mais-valor passou a ser de ............................ $250

Aumentou a massa de mais-valor (de 100 para 250) e também a taxa de mais-valor, com a consequente dimuinuição do salário relativo, pois antes o trabalhador recebia 50% do produto total, e agora só 38%. O engodo do falatório capitalista de "ganhar mais produzindo mais" encontra-se aqui: produz-se mais, porém, na realidade ganha-se menos em relação ao total do que foi produzido. Essa *tendência à queda do salário relativo* constitui uma lei do capitalismo, sistema que se caracteriza pela acumulação da riqueza social em um polo, a burguesia, e da miséria social em outro polo, a classe operária. Ela explica como, em uma sociedade em que a produtividade e a produção aumentam de modo quase infinito, aumenta também de maneira inédita a chamada "concentração de renda", que faz com que, atualmente, menos de 1% da população mundial detenha mais de 50% da riqueza total produzida pela sociedade.

O "progresso econômico", quando dominado pelo capital, traduz-se necessariamente em aumento da desigualdade social. Com a queda do salário relativo, "a distribuição da riqueza social entre capital e trabalho tornou-se ainda mais desigual. Com o mesmo capital, o capitalista maneja uma quantidade maior de trabalho. O poder da classe capitalista sobre a classe operária cresceu, a posição social do trabalhador piorou, desceu um degrau mais abaixo da do capitalista"[6].

Marx utilizou, no trabalho citado acima, uma imagem para mostrar o que significa essa tendência à miséria social relativa:

> Uma casa pode ser grande ou pequena, e enquanto as casas vizinhas são igualmente pequenas, a mesma satisfaz todos os requisitos sociais que se colocam em uma habitação. Mas se ao lado da casinha ergue-se um palácio, a casinha fica reduzida até se converter em uma cabana. A casa pequena demonstra então que seus proprietários têm pretensões ínfimas ou nenhuma. No transcurso dessa civilização sua casa poderia crescer o quanto quisesse em altura que, se o palácio vizinho crescesse em igual medida, ou em medida maior ainda, o habitante da casa relativamente pequena se sentirá cada vez mais incomodado, insatisfeito e oprimido entre suas quatro paredes.[7]

---

[6] Idem, *Trabalho assalariado e capital* (trad. José Barata-Moura e Álvaro Pina, Lisboa, Avante!, 1982), p. 171.

[7] Ibidem, p. 169.

Esse aumento da exploração do trabalho, que se verifica na tendência à queda do salário relativo e pode produzir-se ainda que se mantenha ou se aumente o salário real (ou seja, o poder aquisitivo do salário), não se expressa simplesmente em uma fórmula matemática, mas é vivido de um modo muito prático: no incremento do ritmo da produção, imposto pelo capitalista, e na desqualificação da mão de obra operária, em consequência do aumento da produtividade do trabalho, que permite uma queda no valor das mercadorias.

As condições de trabalho tornam-se mais penosas, e a dependência do operário em relação ao capitalista é cada vez maior. Por meio de suas lutas, os operários podem melhorar seu nível de vida ou, no mínimo, mantê-lo estável, mas não podem impedir que aconteça essa tendência: "A organização dos trabalhadores, sua sempre crescente resistência, possivelmente opere como um muro de contenção ao aumento da miséria. Mas o que aumenta com certeza é a insegurança da existência"[8].

Para o proletariado, a luta contra essa tendência coloca-se já não como uma luta por melhorias econômicas, mas sim contra o próprio capitalismo.

Os efeitos de todos esses avanços sobre o salário relativo dos operários são o resultado mecânico da produção mercantil e do caráter de mercadoria da força de trabalho. É por isso que a luta contra a queda do salário relativo traz em si a luta contra o caráter de mercadoria da força de trabalho, isto é, contra a produção capitalista em seu conjunto. A luta contra

---

[8] Friedrich Engels, *Crítica ao Programa de Erfurt* (Lisboa, Avante!, 1982), p. 483.

a queda relativa do salário já não é uma luta que se desenvolve no terreno da economia mercantil; mas num assalto revolucionário, subversivo, contra a existência dessa economia, é o movimento socialista do proletariado.[9]

Cabe acrescentar que nos períodos de crise que frequentemente o capitalismo conhece (e produz), a tendência à queda relativa dos salários transforma-se em tendência à miséria social absoluta. A crise produz uma queda absoluta do poder aquisitivo do salário, e no caso dos milhões de desempregados que a crise gera, o desaparecimento puro e simples de qualquer salário.

Nos períodos mais agudos das crises, dos conflitos internacionais e das guerras, a força de trabalho é disciplinada militarmente em troca de salários de fome, enquanto milhões de trabalhadores são simplesmente massacrados. Nos países atrasados e periféricos, com uma boa parte da população em idade de trabalhar permanentemente desocupada e sem nenhum seguro social, a tendência ao aumento absoluto da miséria sob o capitalismo se registra de modo permanente. A tendência à queda do salário relativo não se contrapõe; ela cria a tendência para o empobrecimento absoluto da grande maioria da população, em proveito do enriquecimento absoluto dos proprietários dos meios de produção.

O capitalismo industrial transformou a antiga relação salarial, existente nas mais diversas sociedades (como no antigo Egito), nas condições do novo modo de produção. Nem todos os assalariados eram operários, mas todos os operários eram assalariados. A classe operária existe na (e

---

[9] Karl Marx, *Contribuição à crítica da economia política* (2. ed., trad. Florestan Fernandes, São Paulo, Expressão Popular, 2008), p. 126.

por meio da) distinção entre o trabalho *fundante*, que retira da natureza os meios de produção e de subsistência, e o trabalho *abstrato*, ou seja, a totalidade das atividades assalariadas. Essa distinção particularizou os proletários industriais frente aos demais assalariados: operários são os trabalhadores assalariados que, ao transformar a natureza, são os produtores do capital quando sua força de trabalho é transformada em mercadoria.

Embora muitos assalariados não sejam operários, é só a classe operária que realiza, em escala histórica, o trabalho abstrato como medida do valor, expresso pela relação assalariada moderna. O trabalho do operário produz o mais-valor por meio de novos produtos resultantes da transformação da natureza, que continuam existindo após o fim do processo de trabalho. A cada instante trabalhado, o proletário acrescenta um novo *quantum* de riqueza ao *quantum* já acumulado pela sociedade, ampliando a riqueza geral: essa ampliação se manifesta como ampliação do capital total. Ao produzir um novo meio de produção ou de subsistência, o proletariado produz um novo *quantum* de capital, e valoriza o capital ao produzi-lo.

Na sociedade burguesa, a relação social baseada no trabalho assalariado prevalece sobre as outras: o trabalhador deve, pela compulsão econômica, vender sua força de trabalho para o capitalista e dele receber um salário, resultado de um contrato aparentemente livre: "A violência extraeconômica, direta, continua, é claro, a ser empregada, mas apenas excepcionalmente. Para o curso usual das coisas, *é possível confiar* o trabalhador às 'leis naturais da produção', isto é, *à* dependência em que ele mesmo se encontra em relação ao capital, dependência que tem origem nas próprias condições de produção e que por elas é garantida e perpetuada"[10]. O contrato de trabalho determina como e por quanto tempo o operário deve trabalhar, de acordo com as necessidades do capital. As categorias do capitalismo derivam dessa relação, cujo segredo é a extração de mais-valor. O salário se apresenta, em geral, em forma monetária, mas é uma relação que se refere a quantias materiais, horas de trabalho e meios de subsistência, não existindo relação de reciprocidade quantitativa entre capital e salário.

A forma privada da propriedade (a propriedade burguesa), bem como sua antítese, a não propriedade, se manifestam na era do capital como apropriação privada de tempo de trabalho alheio. A tendência do capital a se apropriar de cada vez mais tempo de trabalho e seu contrário (a luta dos trabalhadores pela redução da jornada de trabalho) referem-se à propriedade do tempo de vida dos trabalhadores, ou seja, à própria vida.

### Função dos sindicatos

O sistema baseado no trabalho assalariado é, portanto, "um sistema de escravidão [...] que se torna tanto mais cruel na medida em que as forças produtivas sociais do trabalho se desenvolvem, sendo indiferente se o trabalhador recebe um pagamento maior ou menor"[11].

Se bem que seja esse o eixo, a coluna vertebral, do sistema capitalista, a luta revolucionária contra esse sistema exige que os operários se organizem primeiramente para defender suas condições elementares de vida. Com efeito,

---

[10] Karl Marx, *O capital*, Livro I, cit., p. 808-9.
[11] Idem, *Crítica do Programa de Gotha* (trad. Rubens Enderle, São Paulo, Boitempo, 2012), p. 39.

se nesse sistema é tal a tendência das coisas, isso quer dizer que a classe operária deva renunciar a sua resistência contra o capital e abandonar seus esforços para obter o melhor das ocasiões que se apresentam para um progresso relativo de sua situação? Se fizesse isso, seria comprimida até constituir uma massa uniforme de famintos, aos quais já não seria possível prestar nenhuma ajuda.[12]

Vemos aqui a estupidez que significa atribuir ao "marxismo" a posição de que quanto mais miséria exista entre os operários, mais favoráveis se tornam as condições para uma revolução, isto é, "quanto pior, melhor".

Lutando contra a "tendência do sistema", os sindicatos, que organizam a ação econômica dos operários contra os capitalistas, tornam-se (ou deveriam tornar-se) uma "escola de comunismo", ou seja, uma escola de luta revolucionária pela derrubada do capitalismo. As funções que lhes dão origem referem-se, por outro lado, à defesa das condições elementares de existência dos operários: "O grande mérito das *trade-unions* (sindicatos ingleses) em sua luta pela manutenção do nível dos salários e pela diminuição do número das horas de trabalho consiste em que lutam para conservar e elevar o nível de vida"[13].

Eis as funções dos sindicatos:

1. DEFESA DA FORÇA DE TRABALHO: Nas conjunturas econômicas difíceis (crise econômica e desemprego), os sindicatos lutam para evitar que o preço da força de trabalho (o

---

[12] Idem, *Salário, preço e lucro* (São Paulo, Expressão Popular, 2008), p. 138.

[13] Friedrich Engels, *Crítica ao Programa de Erfurt*, cit., p. 479.

salário) desça abaixo de seu valor: o valor dos meios de subsistência de uma família operária. Impedem que cada operário se apresente isoladamente diante do capitalista, e os apresentam unidos como uma força social que pode impor suas reivindicações, evitando a concorrência entre os próprios operários. Nas conjunturas de expansão dos negócios capitalistas, quando aumenta a demanda da força de trabalho, os sindicatos devem lutar para aumentar o valor da força de trabalho: aumentos de salários, do seguro social, etc. Nos momentos de grande desemprego, quando o exército industrial de reserva cresce e pressiona para o rebaixamento dos salários, os sindicatos "procuram organizar, mediante *trade-unions* etc., uma cooperação planificada entre empregados e os desempregados com o objetivo de eliminar ou amenizar as consequências ruinosas que aquela lei natural da produção capitalista acarreta para sua classe"[14].

O simples fato de essa tarefa elementar de defesa do valor da força de trabalho não ser hoje tomada a cargo pela maioria dos sindicatos indica até que ponto eles foram apropriados por uma burocracia agente da burguesia (pelegos), a qual é necessário substituir por uma direção classista, com a finalidade de defender inclusive as condições elementares de vida dos trabalhadores.

2. LUTA PELA REDUÇÃO DA JORNADA DE TRABALHO: Na luta contra as jornadas de trabalho desumanas (dez, catorze e dezesseis horas), a classe operária defende-se contra um desgaste prematuro de sua força de trabalho, quando não diretamente contra a morte por desgaste físico em plena juventude; quando a classe operária não possuía sindicatos,

---
[14] Karl Marx, *O capital*, Livro I, cit., p. 715-6.

sua média de vida era sensivelmente menor. Essa luta deu lugar às primeiras grandes batalhas organizadas do proletariado: a luta pela jornada de trabalho de oito horas envolveu coordenadamente a classe operária europeia, norte-americana e de vários outros países. As conquistas assim obtidas detiveram a degradação física e moral (ou espiritual) dos trabalhadores, dando-lhes uma possibilidade de desenvolvimento imprescindível para formar-se politicamente para a luta contra o capitalismo.

Atualmente, o respeito formal à jornada de trabalho de oito horas não impede que os capitalistas burlem essa disposição mediante o sistema de "horas extraordinárias" (ou "bancos de horas"), uma verdadeira trapaça: em princípio, aparenta ser uma possibilidade de se ganhar um pouco acima do salário, mas, quando se estende à fábrica toda ou a um ramo da produção inteiro, a realização de horas "extras" converte-se em condição para não morrer de fome.

O capital prefere pagar em dobro as "horas extras" a empregar desempregados, aos quais pagaria normalmente, porque no fim das contas, o salário, "horas extras" incluídas, não fará nada além de pagar o mero valor da força de trabalho. Já a contratação de um novo operário, além de reforçar numericamente a classe, obrigaria o capitalista a pagar o valor de duas forças de trabalho. Em momentos de crise, enquanto algumas fábricas suspendem ou demitem trabalhadores, outras obrigam seus operários a realizar horas suplementares extenuantes.

A reivindicação de "escala móvel de horas de trabalho" (quando a produção e, portanto, a quantidade de trabalho solicitada, decresce em função de crise, a totalidade do trabalho requerido deve ser distribuída igualitariamente entre todos os operários, sem que sua diminuição – que não é responsabilidade dos trabalhadores – afete o salário) daria aos sindicatos uma bandeira e um horizonte para unir os desempregados e os empregados: a não realização dessa tarefa mostra o câncer que constitui o peleguismo nos sindicatos.

### Trabalho produtivo e improdutivo

Como vimos, é próprio da ideologia e da consciência burguesa apresentar o salário como pagamento do trabalho, e não como o preço (expressão monetária do valor) da força de trabalho. Do mesmo modo, ela apresenta como produtivo só aquele trabalho que culmina em um produto visível e palpável, não sendo produtivo aquele que não faz esse tipo de produto, como, por exemplo, os serviços de todos os tipos. O capital só considera "produtivo aquele trabalho – e só trabalhador produtivo aquele que diretamente produza mais-valor; por fim só aquele trabalho que seja diretamente consumido no processo de produção com vistas à valorização do capital"[15].

O motor do capitalismo é a produção de mais-valor para valorizar o capital, mas existe, em nossa sociedade, uma série de trabalhos que, ainda que executados por trabalhadores assalariados, não produzem mais-valor. Por exemplo, os trabalhadores estatais (funcionários públicos), cujos salários não provêm do mais-valor capitalizado, e sim dos impostos cobrados de toda a população (capitalistas, assalariados e trabalhadores independentes) pelo Estado. Qualquer que seja o trabalho que realizem – um serviço ou a

---

[15] Idem, *Capítulo VI (Inédito) de O capital* (trad. M. Antonio Ribeiro, Porto, Escorpião, 1975), p. 76.

produção de um objeto material –, sua finalidade não é a produção de mais-valor, mas o fornecimento de serviços e a consolidação das contas do Estado, que não têm por objetivo obter um lucro, e sim obter um equilíbrio entre entradas e despesas ("equilíbrio fiscal"); ainda que, em geral, só obtenham perdas, cobertas por novos impostos e pela emissão monetária, que produz inflação, carestia e... aumento de mais-valor.

"Todo trabalhador produtivo é um assalariado, mas nem todo assalariado é um trabalhador produtivo. [...] A diferença entre trabalho produtivo e improdutivo consiste tão somente em que, no primeiro caso, o trabalho é trocado por dinheiro enquanto capital, isto é, por dinheiro que em si é capital."[16] Para o capital, essa não é uma distinção capciosa: na medida em que seu movimento é produzir progressivamente mais-valor, sua tendência é transformar todos os trabalhadores em produtivos (produtores de mais--valor para o capital).

> Uma cantora que canta como um pássaro é uma trabalhadora improdutiva. Na medida em que vende seu canto, é uma assalariada ou uma comerciante. Mas a mesma cantora, contratada por um empresário que a faz cantar para ganhar dinheiro, é uma trabalhadora produtiva, pois produz diretamente capital. Um professor de escola que ensina aos outros não é um trabalhador produtivo. Mas um professor de escola, que é contratado junto com outros para valorizar mediante o seu trabalho o dinheiro do empresário da instituição que negocia com o conhecimento, é um trabalhador produtivo.[17]

---

[16] Ibidem, p. 73.
[17] Ibidem, p. 77.

Daí a tendência do capital de privatizar todas as áreas do Estado (medicina, educação, empresas estatais), na medida em que sejam "rentáveis", isto é, em que possam ser transformadas em áreas de produção de mais-valor. Muitas dessas áreas são improdutivas como resultado de uma conquista dos trabalhadores, como a medicina social, os serviços do Estado, a educação pública etc; outras o são como fruto de uma pressão da burguesia para que o Estado se encarregue de seus setores não rentáveis: obras de infraestrutura básica, nacionalização de empresas que estão dando prejuízo – quando o Estado burguês assume as dívidas dos capitalistas –, até chegar à estatização da dívida pública.

Na medida em que se tornem rentáveis, a burguesia começa a pressionar para que o Estado devolva essas áreas à "esfera privada". Produz-se então uma série de formas de transição do trabalho improdutivo – por exemplo, empresas estatais que contratam empréstimos privados que as obrigam a incorporar critérios de rentabilidade, ou a autarquização e a "privatização interna" de universidades públicas que acomodam sua função às necessidades dos grandes monopólios –, cada vez mais típicas das atividades estatais, e mais ainda em tempos de "neoliberalismo".

Na sociedade burguesa, os trabalhadores se dividem em dois grandes agrupamentos. O primeiro é composto pelos trabalhadores que transformam diretamente a natureza e os que, no setor de serviços, produzem mais-valor, desde artistas sob contrato de empresas até professores da escola privada. O segundo é composto 1) pelos trabalhadores que exercem as atividades de controle e vigilância dos trabalhadores; 2) pelos trabalhadores dos serviços que não produzem mais-valor (os empregados domésticos, por exemplo);

3) pelos trabalhadores do Estado e 4) pelos empregados do comércio e dos bancos.

Todos esses trabalhadores do segundo grupo não produzem mais-valor: representam "custos" de produção. Os trabalhadores improdutivos compõem uma massa numerosa e heterogênea: o capitalismo precisa de um sistema de controle sobre o trabalho e a sociedade como um todo; desde os documentos de identidade até o controle dos operários no interior das fábricas, a sociedade burguesa desenvolve um enorme mecanismo de controle, que torna imprescindível o crescimento e a hipertrofia do setor improdutivo. A distinção entre o trabalho produtivo e o improdutivo não se radica no fato de ambos serem necessários ao capital, mas nas distintas funções econômicas e sociais que exercem do ponto de vista do capital.

# V
# A origem do capital (I)

Vimos, em linhas mais gerais, o funcionamento do modo de produção capitalista. Cabe agora a pergunta: de onde ele surgiu?

Devemos analisar, em primeiro lugar, o que diferencia a sociedade mercantil das sociedades anteriores. Isso nos leva a insistir em algumas noções.

A diferença fundamental está no trabalho: nas sociedades anteriores (comunidade primitiva, escravismo, feudalismo), o trabalho possuía um caráter diretamente social. A produção era uma resposta direta às necessidades sociais, seja por acordo mútuo de seus membros, seja pela autoridade dos déspotas. Na sociedade mercantil, o trabalho passa a ser privado, é executado por produtores independentes, que desconhecem as necessidades sociais, e só indiretamente, por meio do mercado, tem seu caráter social reconhecido. Os produtos do trabalho assumem a forma de mercadorias (produtos destinados a troca/venda no mercado), que se caracterizam por possuírem ao mesmo tempo valor de uso (satisfazer uma necessidade humana real ou imaginária) e valor de troca (propriedade de ser trocadas por outras mercadorias segundo determinadas proporções).

Como já vimos, a proporção em que se trocam mercadorias é determinada pela quantidade de trabalho dispendida em sua produção. De que tipo de trabalho? Não, evidentemente, do trabalho concreto de cada produtor, pois esses trabalhos são muito diferentes entre si. Só podem ser medidos, ou seja, confrontados entre si, na medida em que sejam reduzidos a trabalho humano geral (*abstrato*), isto é, um gasto de energia humana de trabalho em geral. A economia política clássica já havia descoberto o duplo e contraditório caráter das mercadorias (valor de uso e valor de troca), e também que a substância de seu valor se encontrava no trabalho. A primeira grande descoberta de Marx foi colocar em relevo que a esse duplo caráter das mercadorias deveria corresponder necessariamente um duplo caráter do trabalho nelas incorporado: o trabalho concreto, que as produz enquanto valores de uso, e o trabalho abstrato, que as produz enquanto valores que podem ser trocados no mercado. Marx foi o primeiro a pôr em relevo esse duplo caráter do trabalho contido na mercadoria[1].

A noção de *trabalho abstrato* só poderia surgir em uma sociedade em que o caráter dos trabalhos particulares, como ferreiro, carpinteiro etc., passasse a um segundo plano, sobressaindo o conjunto dos produtores como uma grande massa de trabalho humano indiferenciado, *abstrato*. Essa é a sociedade capitalista – a sociedade mercantil plenamente desenvolvida – com a mobilidade de trabalho típica da grande indústria. Os trabalhos ficaram reduzidos a uma operação simples: hoje um operário trabalha nesta fábrica, amanhã fará outro trabalho em outra; o caráter particular do trabalho, que antes identificava a própria vida

---

[1] Ver Karl Marx, *O capital: crítica da economia política,* Livro I: *O processo de produção do capital* (2. ed., trad. Rubens Enderle, São Paulo, Boitempo, 2017), seção I, cap. 1.

dos indivíduos – e do qual ficaram marcas nos antropônimos, como Ferreira, Pastor, Schumacher (sapateiro) etc. –, perdeu-se completamente em proveito do anonimato e da mobilidade da grande indústria. A classe operária moderna é a representação do trabalho abstrato.

Como esse trabalho pode ser medido? Evidentemente, a única forma de medir a quantidade de trabalho é por meio do tempo de sua duração. Para dizê-lo com Marx,

> o valor da força de trabalho, como o de todas as outras mercadorias, é determinado pelo tempo de trabalho necessário para a produção – e, consequentemente, também para a reprodução – desse artigo específico. Como valor, a força de trabalho representa apenas uma quantidade determinada do trabalho social médio nela objetivado. A força de trabalho existe apenas como disposição do indivíduo vivo. A sua produção pressupõe, portanto, a existência dele. Dada a existência do indivíduo, a produção da força de trabalho consiste em sua própria reprodução ou manutenção. Para sua manutenção, o indivíduo vivo necessita de certa quantidade de meios de subsistência. Assim, o tempo de trabalho necessário à produção da força de trabalho corresponde ao tempo de trabalho necessário à produção desses meios de subsistência, ou, dito de outro modo, o valor da força de trabalho é o valor dos meios de subsistência necessários à manutenção de seu possuidor.[2]

Podemos supor então que o trabalho de um operário vagaroso terá maior valor que o de um operário mais hábil, pois o primeiro emprega mais tempo?

Não, pois no trabalho abstrato, cada trabalho individual conta como parte de uma força média social de trabalho,

---

[2] Ibidem, p. 245.

isto é, de um trabalho executado com a destreza e a intensidade médias de uma dada sociedade. O que conta não é cada trabalho individual, e sim o tempo de trabalho *socialmente necessário* para produzir uma determinada mercadoria. Este flutuará de acordo com as variações da força produtiva do trabalho: nível técnico, organização do trabalho, condições naturais etc.

Já reunimos os elementos para enunciar a segunda grande descoberta de Marx, a lei do valor: *o valor das diferentes mercadorias é determinado pelo tempo de trabalho socialmente necessário para produzi-las*.

Essa é a lei que rege a economia mercantil e sua forma mais desenvolvida: a economia capitalista. Observe-se o seguinte: sob a economia mercantil, os produtos devem passar pelo mercado para poderem ser trocados. O mercado sancionará o que é socialmente necessário e que, portanto, será trocado ou vendido, e o que não é. Mas essa sanção só ocorre depois que as mercadorias são produzidas, o que coloca a possibilidade de um desperdício da energia humana de trabalho. A lei do valor estabelece, pois, um mecanismo de regulação *ex-post* (posterior), que só se verifica depois da produção, quando os produtos se encaminham para o mercado. A lei, então, cumpre-se à revelia dos próprios produtores, e retrata a anarquia intrínseca do regime de produção de mercadorias, o que se manifesta de maneira aguda nas crises de superprodução.

A pressão da concorrência mútua dos capitais força os produtores a adotar métodos de produção similares ou superiores aos de seus rivais, para rebaixar seus preços ou elevar sua qualidade (real ou suposta) e possibilitar a competição. Consequentemente, o valor das mercadorias é determinado não pela quantidade de trabalho usada para produzir cada uma delas separadamente, e sim pelo tempo de trabalho socialmente necessário, isto é, o tempo de trabalho "requerido para produzir um valor de uso qualquer sob as condições normais para uma dada sociedade e com o grau social médio de destreza e intensidade do trabalho"[3]. Um produtor ineficiente que usa mais do que o tempo de trabalho socialmente necessário obterá um preço pela mercadoria que "não compensa" seu trabalho extra. No capitalismo, somente o trabalho medido pelo tempo socialmente necessário é trabalho social.

### Formas de valor: origem do dinheiro

O valor de uma mercadoria é determinado pelo tempo de trabalho socialmente necessário para produzi-la. Mas, para poder expressá-lo, a mercadoria deve ser trocada por outra no mercado; se não for assim, possuirá um valor de uso (utilidade), mas não um valor.

1 par de sapatos = 2 camisas

O valor de uma mercadoria só pode ser expresso por meio de uma quantidade determinada de outra mercadoria. Se ambas podem ser compradas (os sapatos e as camisas), ou trocadas entre si (diretamente ou, como é atualmente, por meio do dinheiro), é porque possuem algo em comum: o fato de serem produtos de trabalho humano em geral. Se quisermos medir o peso de uma coisa, devemos colocá-la em um prato de uma balança e, no outro prato, de contrapeso, uma peça de ferro; a medição é possível porque

---

[3] Ibidem, p. 117.

tanto o objeto que pesamos como o de ferro possuem uma propriedade comum: o peso. A mesma coisa ocorre na troca de mercadorias, com a diferença de que, nesse caso, sua propriedade comum não é física (o peso), mas *social*: o valor. Ao trocar duas mercadorias, o que fazemos é relacionar os trabalhos humanos que as executaram. Essa expressão chama-se *forma do valor*. Na expressão:

1 par de sapatos = 2 camisas

Temos a forma simples ou acidental do valor, que corresponde às primeiras trocas que aconteceram na sociedade humana. Aqui, já se manifesta a oposição entre valor de uso e valor de troca, pois para o possuidor de sapatos, que deseja trocá-los por camisas, os sapatos aparecem como pura expressão do valor, enquanto seu interesse está no valor de uso das camisas. Os sapatos expressam seu valor em relação às camisas (Marx o chama, por isso, de *forma relativa*), enquanto o valor de uso das camisas expressa o valor dos sapatos, ou seja, equivale ao trabalho humano contido neles: chamamos-lhe *valor equivalente*.

O dono dos sapatos não se encontra interessado só nas camisas; além disso, não tem certeza de que encontrará no mercado um possuidor de camisas disposto a trocá-las por sapatos. Ao dar-se a troca, o proprietário de mercadorias vai ao mercado consciente de que poderá trocar sua mercadoria por um conjunto de mercadorias equivalentes, à sua escolha.

1 par de sapatos = 5 quilos de café
2 camisas
½ quilo de sal
1 cadeira

Trata-se da forma total ou desenvolvida do valor: uma mercadoria confronta-se com um grande número de outras mercadorias. "A forma de valor desdobrada se mostra pela primeira vez apenas quando um produto do trabalho, por exemplo, o gado, passa a ser trocado por outras mercadorias diferentes não mais excepcional, mas habitualmente."[4] Essa forma expressa de um modo bem mais claro a transformação de qualquer trabalho concreto em um trabalho abstrato, criador do valor. O mercado reúne todas as formas particulares de trabalho em um trabalho social único. Mas essa forma desenvolvida apresenta um defeito do ponto de vista da troca de mercadorias: é como se se tratasse de uma soma infinita de formas simples (1 par de sapatos = 2 camisas = 5 quilos de café = 1 cadeira etc.). É evidente que o desenvolvimento da troca dará lugar a uma nova forma:

5 quilos de café = 1 par de sapatos
1 cadeira
1 chicote
4 chapéus
3 bolsas

Essa é a *forma geral do valor*, que não é uma simples inversão da forma anterior. Na forma geral, uma mercadoria ocupou o lugar de equivalente geral de todas as outras mercadorias; nesse caso, os sapatos, por costume e por necessidade de facilitar a circulação de mercadorias. Por uma série de razões – divisibilidade e maleabilidade, fácil transporte, resistência ao tempo e à oxidação –, a função de equivalente geral recaiu nos metais nobres (ouro e prata, ou ligas

---

[4] Ibidem, p. 141.

contendo uma determinada proporção desses metais), que acrescentaram a seu valor de uso original (matéria-prima para fabricar jóias, para reforçar dentaduras etc.) um novo valor: o de ser mercadoria-dinheiro, reconhecida socialmente por todas as demais, ou seja, por todos os indivíduos que vão ao mercado com o produto de seus trabalhos sob a forma de mercadorias, ou seja, dispostos a trocá-las. Assim,

1 par de sapatos = 10 gramas de ouro

Essa expressão constitui a *forma monetária do valor*:

> O ouro só se confronta com outras mercadorias como dinheiro porque já se confrontava com elas anteriormente, como mercadoria. Igual a todas as outras mercadorias, ele também funcionou como equivalente, seja como equivalente individual em atos isolados de troca, seja como equivalente particular ao lado de outros equivalentes-mercadorias [*Warenäquivalenten*]. Com o tempo, ele passou a funcionar, em círculos mais estreitos ou mais amplos, como equivalente universal. Tão logo conquistou o monopólio dessa posição na expressão de valor do mundo das mercadorias, o ouro tornou-se mercadoria-dinheiro [*Geldware*], e é apenas a partir do momento em que ele já se tornou mercadoria-dinheiro [...] que a forma de valor universal se torna forma-dinheiro.[5]

Quando uma mercadoria particular fixa-se no papel de equivalente universal, ela se torna dinheiro: "É justamente essa forma acabada – a forma-dinheiro – do mundo das mercadorias que vela materialmente [*sachlich*], em vez de revelar, o caráter social dos trabalhos privados e, com isso, as

---

[5] Ibidem, p. 145.

relações sociais entre os trabalhadores privados"[6]. Todas as categorias econômicas modernas (valor, mais-valor, salário, tempo de trabalho) se apresentam de forma quantitativa, reduzidas a dinheiro. Somente no capitalismo a forma dinheiro desenvolve todas suas potencialidades.

O dinheiro é quase tão antigo quanto a troca comercial, na medida em que ela superou o limite do escambo ocasional realizado entre comunidades isoladas. Sua origem remonta ao culto dos sacrifícios orientado para a fecundidade da terra, dos animais e das mulheres. Na Roma antiga, o dinheiro era cunhado no templo de Juno, deusa do matrimônio identificada com a Hera grega, também chamada de *Moneta*, denominação que sobreviveu em todas as línguas de origem latina.

> Inicialmente, as moedas só eram cunhadas em quantidades grandes, de que precisavam os funcionários do templo para seu comércio em dinheiro. Havia sempre um pequeno bazar onde os administradores do templo trocavam vacas por produtos da terra. Terminada a cerimônia, os servidores do templo reuniam as vacas, que podiam vender no dia seguinte. Esses rituais sacrificiais permitiam às autoridades acumular grandes tesouros mediante a troca de animais votivos pelos produtos da terra, com o que se teve o motivo e a necessidade de um comércio muito ativo, sobretudo em terras longínquas. Os administradores do templo forçosamente foram se animando em direção a negócios em dinheiro cada vez mais audazes.[7]

---

[6] Ibidem, p. 151.

[7] Horst Kurnitzky, *La estructura libidinal del dinero: contribución a la teoría de la femineidad* (Cidade do México, Siglo XXI, 1978), p. 36-7. Tradução nossa.

O dinheiro surgiu não só para facilitar as trocas, mas com vistas ao lucro, sendo ele próprio "capital em potencial".

O *preço de mercado* é a expressão monetária do valor; ela representa a grandeza do valor numa determinada soma em dinheiro. O preço da mercadoria deve corresponder a seu valor; as variações de preços e do valor da moeda não alteram o fato de que a soma total dos preços corresponde à soma total dos valores produzidos. O valor de uma mercadoria, como vimos, é determinado pela quantidade de trabalho que, em média, é necessário para produzi-la, incluindo todo o trabalho anterior (para produzir as matérias-primas, máquinas, prédios etc.: o capital chamado fixo usado na produção da própria mercadoria). O preço da mercadoria reproduz a quantidade de tempo de trabalho nela coagulado.

Com o desenvolvimento da troca comercial, a moeda apareceu como uma mercadoria especial para cumprir a função de equivalente geral de todas elas:

> Qualquer um sabe, mesmo que não saiba mais nada além disso, que as mercadorias possuem uma forma de valor em comum que contrasta do modo mais evidente com as diversas formas naturais que apresentam seus valores de uso. Tal forma de valor em comum é a forma-dinheiro. Cabe, aqui, realizar o que jamais foi tentado pela economia burguesa, a saber, provar a gênese dessa forma-dinheiro, portanto, seguir de perto o desenvolvimento da expressão do valor contida na relação de valor das mercadorias, desde sua forma mais simples e opaca até a ofuscante forma-dinheiro. Com isso, desaparece, ao mesmo tempo, o enigma do dinheiro.[8]

---

8   Karl Marx, *O capital*, Livro I, cit., p. 125.

O dinheiro como moeda de metal surgiu no século VI a.C, na Ásia Menor, acompanhando o desenvolvimento comercial das cidades costeiras gregas em contato com os reinos do interior da Anatólia. Antes disso, outros objetos menos apropriados haviam sido usados como meio de troca, sendo progressivamente descartados pelo progresso do comércio.

Assim, do emprego de objetos diversos de uso comum como moeda passou-se aos metais preciosos, e daí ao papel-moeda fiduciário prometendo pagar ouro ou prata, seguido pelo papel-moeda de curso forçado, experimentado pela primeira vez, no Ocidente, na França de inícios do século XVIII, embora haja evidências de seu uso na China um milênio antes.

Os metais preciosos conquistaram o papel de mercadoria-dinheiro por meio de um longo processo histórico:

> Na origem, serve como moeda a mercadoria mais trocada como objeto necessário, aquela que mais circula, a que, em uma determinada organização social, representa a riqueza por excelência: o sal, os couros, o gado, os escravos [...] A utilidade específica da mercadoria, seja como objeto particular de consumo (os couros), seja como instrumento de produção imediato (os escravos) a transforma em dinheiro. Mas, na medida em que o desenvolvimento avança, ocorre o fenômeno inverso: a mercadoria que menos é objeto de consumo ou instrumento de produção passa a desempenhar melhor aquele papel, pois responde às necessidades da troca como tal. No primeiro caso, a mercadoria se converte em dinheiro por causa de seu valor de uso específico; no segundo, seu valor de uso específico decorre do fato de servir como dinheiro. Durável, inalterável, passível de ser dividida e somada, transportável com relativa facilidade, pode conter

um valor de troca máximo em um volume mínimo; tudo isso torna os metais preciosos particularmente adequados nesse último estágio.[9]

Com a separação entre produtor e meios de produção e sua disposição em polos sociais opostos, o dinheiro reúne as condições para atuar como capital, tornando possível o surgimento da acumulação e reprodução do capital, desdobrando todas suas funções potenciais.

### Funções do dinheiro

1. MEDIDA DE VALOR: Dá às mercadorias a medida na qual expressam seus valores, sob uma mesma denominação, fazendo-as comparáveis do ponto de vista da quantidade. A forma moeda tem sua origem nessa função: 1 par de sapatos vale (custa) $500, 1 camisa vale $250 etc.

2. MEIO DE CIRCULAÇÃO: Ao estabelecer um equivalente geral universalmente reconhecido, o dinheiro facilita e acelera a circulação das mercadorias, que antes se realizava por simples troca, ou utilizando equivalentes ocasionais. Ao mesmo tempo, divide o ato da troca em dois atos distintos: a compra e a venda. É nessa divisão que aparece a possibilidade da crise, isto é, a interrupção da circulação de mercadorias; ou seja, quando um vendedor, que obteve dinheiro pela venda de sua mercadoria, não se transforma em comprador, preferindo conservar o dinheiro. É nessa função que tem origem

---

[9] Idem, *Contribuição à crítica da economia política* (2. ed., trad. Florestan Fernandes, São Paulo, Expressão Popular, 2008), p. 79.

esse símbolo emitido pelo Estado, que pode substituir a mercadoria-dinheiro: o papel-moeda.

3. MEIO DE PAGAMENTO: Quando um vendedor entrega sua mercadoria contra uma promessa de pagamento futuro – quando, por exemplo, o comprador não possui a totalidade do dinheiro porque espera obtê-lo vendendo suas mercadorias, cuja produção leva mais tempo –, "o vendedor se torna credor, e o comprador, devedor. Como aqui se altera a metamorfose da mercadoria ou o desenvolvimento de sua forma de valor, também o dinheiro recebe outra função. Torna-se meio de pagamento"[10].

4. MEIO DE ENTESOURAMENTO:

> Com o primeiro desenvolvimento da circulação das mercadorias, desenvolve-se também a necessidade e o desejo de reter o produto da primeira metamorfose, a figura transformada da mercadoria ou sua crisálida de ouro. A mercadoria é vendida não para comprar mercadoria, mas para substituir a forma-mercadoria pela forma-dinheiro. De simples meio do metabolismo, essa mudança de forma converte-se em fim de si mesma. A figura externalizada da mercadoria é impedida de funcionar como sua figura absolutamente alienável, ou como sua forma-dinheiro apenas evanescente. Com isso, o dinheiro se petrifica em tesouro e o vendedor de mercadorias se torna um entesourador.[11]

5. DINHEIRO MUNDIAL: Como meio de troca entre diferentes mercados (países), a moeda assume toda a sua força: "Na

---

[10] Idem, *O capital*, Livro I, cit., p. 208.
[11] Ibidem, p. 203-4.

esfera da circulação interna, apenas uma mercadoria pode servir como medida de valor e, desse modo, como dinheiro. No mercado mundial, tem-se o domínio de uma dupla medida de valor: o ouro e a prata"[12]. Quando acontece uma transferência de riqueza de um país para outro por meio da moeda, ela finalmente funciona como a forma absoluta da riqueza.

---

[12] Ibidem, p. 216.

# VI
# A origem do capital (II)

Vimos anteriormente a lei do valor da sociedade mercantil-capitalista, e como o dinheiro e suas funções surgem a partir dela. Na sociedade mercantil simples, o dinheiro só tem a função de facilitar a troca de mercadorias. A circulação correspondente pode ser representada assim:

M1 - D - M2 (M: mercadoria; D: dinheiro)

O produtor de mercadorias as vende para obter o dinheiro com o qual comprará as mercadorias que satisfarão suas necessidades. O valor de M1 e M2 é o mesmo. Já na sociedade capitalista, a circulação apresenta-se assim:

D1 - M - D2

Para o capitalista, o ponto de partida do circuito é o dinheiro, e o ponto final também. Mais importante ainda, D2 deve ser maior do que D1, pois o capitalista realiza toda essa operação para ficar com uma diferença, para ganhar mais dinheiro, ou seja, obter um lucro. A essa diferença (D2 - D1 = D) chamamos de mais-valor. O mistério é: de onde vem o mais-valor?

O capitalista individual acha que vem de suas habilidades para os negócios, que lhe permitem vender mais caro o que comprou mais barato. Com certeza, numa primeira etapa, os capitalistas comerciais, que traficavam produtos exóticos vindos do Oriente e da América, realizavam seus lucros desse modo. Mas, além do fato de que na sociedade atual esses produtos não são mais exóticos, isso não explica os lucros que obtém o capitalista industrial. Se o lucro viesse do acréscimo de um valor arbitrário ao valor (medido pelo tempo de trabalho socialmente necessário) de suas mercadorias, a única coisa que conseguiria é que os outros capitalistas fizessem o mesmo: como o capitalista não só vende mercadorias, mas também deve comprá-las para reiniciar o circuito, tudo ficaria igual.

Em certas oportunidades, a maior demanda de um produto faz com que seu preço suba, proporcionando um lucro especial a quem o produz ou comercializa; mas aí outros capitalistas passarão então a produzi-los, isso fará a oferta se equilibrar e a demanda também, e tudo voltará ao mesmo lugar. As oscilações da oferta e da procura só podem explicar certas modificações na repartição do lucro dos capitalistas, não o próprio lucro. A origem do mais-valor não se encontra, portanto, na esfera do comércio.

E na esfera da produção individual? Se uma pessoa compra um pedaço de couro e com ele produz sapatos, terá acrescentado um novo valor (seu próprio trabalho), mas não terá modificado em nada o valor do couro, que se transmitirá sem modificações ao valor do novo produto (valor dos sapatos = valor do couro + valor-tempo de trabalho do sapateiro). O mais-valor não tem, portanto, sua origem dentro da circulação de mercadorias, que se realiza de acordo com o valor contido em cada uma delas.

O mistério permanece: como é possível que um valor se transforme em um valor superior, sem quebrar a lei do valor – as mercadorias valem o equivalente do tempo socialmente necessário para produzi-las? Para isso, é necessário que o capitalista encontre no mercado uma mercadoria capaz de produzir um valor superior ao dela própria.

Nós já vimos qual é essa mercadoria: a força humana de trabalho. Ao comprá-la, o capitalista paga seu valor: o valor dos meios de subsistência que permitem ao operário viver e reproduzir-se. Pago o valor de troca dessa mercadoria – ou melhor, diferentemente das outras mercadorias, prometendo pagar por ela com um salário apenas após usá-la –, o capitalista fica com seu valor de uso. Mas esse valor consiste justamente em criar produtos cujo valor supere o dos meios de subsistência do próprio operário. O mistério fica desvendado: o capitalista retém essa diferença. A origem do mais-valor capitalista é a exploração da força humana de trabalho, comprada na esfera da circulação como qualquer outra mercadoria, e utilizada na esfera da produção.

Chamamos capital, então, o valor capaz de produzir um mais-valor. Para poder fazer isso, deve encontrar no mercado a força humana de trabalho disposta a vender-se: os trabalhadores livres. Livres em dois sentidos: livres de qualquer ligação pessoal com um senhor feudal, um proprietário de escravos ou um patrão de grêmio, e livres da posse de qualquer outra mercadoria que não seja sua força de trabalho, e obrigados a vendê-la para poder subsistir.

O motor da produção capitalista é a obtenção permanente de mais-valor:

> O valor de uso jamais pode ser considerado como finalidade imediata do capitalista. Tampouco pode sê-lo o lucro isolado, mas apenas o incessante movimento do lucro. Esse impulso absoluto de enriquecimento, essa caça apaixonada ao valor é comum ao capitalista e ao entesourador, mas, enquanto o

entesourador é apenas o capitalista insano, o capitalista é o entesourador racional. O aumento incessante do valor, objetivo que o entesourador procura atingir conservando seu dinheiro fora da circulação, é atingido pelo capitalista, que, mais inteligente, lança sempre o dinheiro de novo em circulação.[1]

## A acumulação do capital

O processo de produção capitalista – de produção de mais-valor – é contínuo, ininterrupto. Imaginemos esse processo em funcionamento. Duas variantes são possíveis:

1. O capitalista investe:

$10.000 – em capital constante (máquinas, matérias-primas etc.), que vamos supor que seja consumido integralmente num ciclo produtivo;
$2.000 – em capital variável, isto é, em salários dos operários, e obtém dos operários um mais-valor de $2.000, se supusermos que a taxa de mais-valor é de 100%.

Total: $14.000 é o valor dos produtos que obtém.

Vamos supor que nosso capitalista consuma totalmente seu lucro (o mais-valor: $2.000). Recomeçará o ciclo produtivo com os $12.000 que possuía inicialmente (c + v), e obterá:

$10.000 + $2.000 + $2.000 (mais-valor) = $14.000

---

[1] Ver Karl Marx, *O capital: crítica da economia política*, Livro I: *O processo de produção do capital* (2. ed., trad. Rubens Enderle, São Paulo, Boitempo, 2017), p. 229.

E assim sucessivamente. Se levarmos em conta que o capitalista possuía $12.000 antes do primeiro ciclo produtivo, que gastou $2.000 para seu consumo pessoal entre o primeiro e o segundo, e mesmo assim recomeçou o segundo ciclo com um capital de $12.000, vemos que os $2.000 de capital variável empregados no segundo ciclo não são outra coisa além de mais-valor extraído dos operários e incorporado ao capital. Os operários pagaram seu salário com o próprio produto de seu trabalho. Bastará que se repita, em iguais condições, mais cinco vezes o ciclo descrito, para que, ao fim, todo o capital de nosso capitalista não seja outra coisa além de mais-valor acumulado (seis ciclos produtivos multiplicados por $2.000 de mais-valor em cada um deles = $12.000, ou seja, o capital – c + v – de cada ciclo).

Ainda nesse caso, que chamamos de *reprodução simples*, vemos que, ao fim de certo tempo, o capital não é outra coisa senão rendimento do trabalho alheio acumulado.

2. Na realidade, o capitalista não consome, ou consome apenas parcialmente, o mais-valor obtido, mas o reinveste no ciclo produtivo como novo capital (chamamos isso de *reprodução ampliada*). "A aplicação de mais-valor como capital ou a reconversão de mais-valor em capital se chama acumulação de capital."[2] Se mantivermos as cifras do exemplo anterior, teremos:

$10.000 (c) + $2.000 (v) + $2.000 (m.v.) = $14.000

Se supusermos que o capitalista capitaliza o mais-valor em partes iguais entre capital constante e variável ($1.000 e $1.000) e que a taxa de exploração se mantém igual, então:

---

[2] Ibidem, p. 655.

$11.000 + $3.000 + $3.000 = $17.000
$12.500 + $4.500 + $4.500 = $21.500
$14.750 + $6.750 + $6.750 = $28.250
$18.125 + $10.125 + $10.125 = $38.375

Ao fim de cinco ciclos, o capitalista incrementou seu capital (de $12.000 para $38.375), simplesmente capitalizando o trabalho alheio.

Na produção mercantil simples, na qual cada um é dono de seus instrumentos de trabalho, o direito à propriedade aparece fundamentado no trabalho próprio. Ora, basta que entre a propriedade e o trabalho se interponha o capital para que "a lei da apropriação ou lei da propriedade privada, fundada na produção e na circulação de mercadorias, transforma-se, obedecendo a sua dialética própria, interna e inevitável, em seu direto oposto"[3].

A troca de equivalentes, que aparecia como a operação originária, se falsifica a tal ponto que as trocas agora só se efetuam na aparência, posto que, em primeiro lugar, a mesma parte do capital trocada por força de trabalho é só uma parte do produto do trabalho alheio apropriado sem equivalente e, em segundo lugar, o seu produtor, o operário, não tem só que reintegrá-la, mas deve reintegrá-la com um novo excedente. A relação de troca entre o capitalista e o operário, pois, converte-se em nada mais que uma aparência correspondente ao processo de circulação, em uma mera forma que é estranha ao conteúdo.

A compra e a venda constantes da força de trabalho é apenas a forma. O conteúdo consiste no fato de que o capitalista troca sem cessar uma parte do trabalho alheio já objetivado,

---

[3] Ibidem, p. 659.

do qual se apropria constantemente sem equivalente, por uma quantidade cada vez maior de trabalho vivo alheio. Originalmente, o direito de propriedade aparecia como fundamentado no trabalho próprio. Com a interposição do capital, "a propriedade aparece do lado do capitalista, como direito de apropriar-se de trabalho alheio não pago ou de seu produto; do lado do trabalhador, como impossibilidade de apropriar-se de seu próprio produto. A cisão entre propriedade e trabalho torna-se consequência necessária de uma lei que, aparentemente, tinha origem na identidade de ambos"[4].

Essa é a lei geral da acumulação capitalista, consequência necessária da lei do valor imperante na sociedade mercantil e, ao mesmo tempo, sua *negação*.

A acumulação do capital implica uma expansão da produção capitalista, que seria impensável sem a existência de duas condições que são, por sua vez, suas consequências:

a) A existência de um exército industrial de reserva, isto é, de uma massa permanente de desempregados dispostos a vender sua força de trabalho, que sirva de base para uma ampliação constante da escala da produção capitalista;

b) A substituição de trabalhadores por máquinas. Para facilitar essa explicação, suponhamos que a proporção entre capital constante e variável não varia, nem a taxa de mais-valor, mas que essa composição orgânica do capital, a relação entre capital constante e variável (c / v), aumente sempre o capital constante. Que outra maneira mais simples para o capitalista de aumentar sua produção e reduzir seus custos que substituir trabalho vivo por trabalho morto, operário

---

[4] Idem.

por máquina? O número de operários empregados (capital variável) pode aumentar, mas em maior proporção aumentará o valor das máquinas empregadas por operário (o valor do capital constante). Isso permite ao capitalista um aumento da produtividade do trabalho, que, por sua vez, implica um aumento do mais-valor relativo, como já vimos, o que é a mesma coisa que um aumento da taxa de mais-valor e um decréscimo do salário relativo ganho pelos operários.

Acúmulo de riquezas nas mãos dos capitalistas, desemprego, aumento da exploração do trabalho operário, crescimento da dependência deste último em relação ao capital e queda de sua participação na riqueza produzida: essas são as consequências da lei geral da acumulação capitalista. "A acumulação de riqueza num polo é, ao mesmo tempo, acumulação de miséria, o suplício do trabalho, a escravidão, a ignorância, a brutalização e a degradação moral no polo oposto, isto é, do lado da classe que produz seu próprio produto como capital."[5]

## A acumulação primitiva (originária) do capital

Como tudo neste mundo, o capital precisa *nascer*, o que equivale ao nascimento de suas condições de existência. Por acumulação originária (ou primitiva) de capital, entende-se o processo histórico de separação entre produtores e meios de produção (ou "o processo de separação entre o trabalhador e a propriedade das condições de realização de seu trabalho"[6]) e de concentração de valores

---

[5] Ibidem, p. 721.
[6] Ibidem, p. 786.

(massas monetárias e/ou metais preciosos) suscetíveis de ser transformados em capital. O processo de produção capitalista supõe a existência prévia de duas condições: uma massa de trabalhadores livres no mercado, forçados a vender a única coisa que possuem, sua força de trabalho, e uma massa de dinheiro relativamente grande nas mãos dos capitalistas, que lhes permite adquirir os meios de produção e contratar os trabalhadores.

Como foram reunidas essas condições?

A massa de trabalhadores livres formou-se ao liberarem-se os servos de seus laços pessoais com os senhores feudais, separando, em geral, os pequenos produtores de seus meios de produção. Na medida em que, lutando contra a servidão feudal e a rigidez da organização gremial, a burguesia levantou a bandeira da liberdade de produção e de comércio, cumpriu uma tarefa progressiva. Mas também é certo, e frequentemente esquecido, o outro lado da moeda: a criação violenta e coercitiva do proletariado, mediante a expropriação do campesinato e dos pequenos produtores independentes.

A própria crise do regime feudal deu ao capital os elementos para destruí-lo. Essa crise teve origem no auge do comércio internacional e da abertura de linhas de tráfico de mercadorias, primeiro para o Oriente e depois para a América, há mais de quinhentos anos. A necessidade de procurar dinheiro para a compra de novos produtos levou a nobreza feudal a uma exploração sem precedentes do campesinato sob sua "proteção".

Quando isso não foi suficiente, passou simplesmente a expropriá-los, para converter-se ela própria em produtora de mercadorias, seja diretamente, seja arrendando seus campos para os novos ricos da cidade. Na Inglaterra, por exemplo, a necessidade de produzir lá para exportar às nascentes manufaturas de Flandres implicou a transformação dos territórios em campos de criação de ovelhas, e para isso foi necessário a expulsão violenta de centenas de milhares de camponeses. A isso é preciso acrescentar a dissolução dos exércitos feudais, agora inúteis depois de terem servido nas Cruzadas e nas guerras europeias. Deu-se lugar a uma massa armada de desempregados, que se dedicou a todo tipo de saque, até ser afugentada pelos exércitos das cidades e pelos príncipes.

Assim, foi-se criando uma multidão de camponeses expropriados e soldados licenciados, em situação miserável, que afluía às cidades em busca de trabalho. Criada a massa de trabalhadores, passou a ser necessário discipliná-la. Esse processo de destruição das velhas formas de produção e de disciplinamento da legião de desempregados assim criada cumpriu-se analogamente em todos os países, à medida que entravam na órbita capitalista.

Desse modo, a condição do modo de produção capitalista foi a separação dos possuidores de mercadorias em duas classes: a dos donos de meios de produção (matérias-primas, ferramentas ou máquinas, propriedades fundiárias próprias ou alugadas) e a dos trabalhadores, cuja única propriedade é a própria força de trabalho (a capacidade física e intelectual de transformar matérias-primas em produtos-mercadorias mediante o esforço físico e mental).

A compra e venda da força de trabalho, característica do capitalismo, depende da separação entre o trabalhador e os meios de produção. Desse modo, o trabalhador é "livre em dois sentidos: de ser uma pessoa livre, que dispõe de sua força de trabalho como mercadoria, e de, por outro lado, ser alguém que não tem outra mercadoria para vender, estando livre e solto e carecendo absolutamente de todas as coisas necessárias à realização de sua força de trabalho"[7]. A troca entre capital e trabalho assalariado pressupõe a distribuição dos elementos da própria produção, os fatores materiais que estão concentrados de um lado, e a força de trabalho isolada, de outro. A acumulação originária de capital se processou mediante a formação do polo proletário e do polo burguês da sociedade.

Na Europa, os escassos proletários qualificados provenientes dos grêmios, muito solicitados, tiveram mesmo assim de ser disciplinados: implantou-se uma legislação proibindo-os de emigrar, mesmo quando estivessem desempregados, e inclusive impôs-se aos patrões uma legislação impedindo-os de atender às reivindicações desses operários e aumentar seus salários. Enfim, a liquidação dos feudos autossuficientes economicamente, a criação dessa massa de novos escravos assalariados e as novas necessidades provocadas pelo grande comércio terminaram por criar o mercado interno, em escala de uma nação inteira, que foi necessário para a passagem da manufatura para a indústria capitalista.

Para resolver o "mistério" do capital, a indagação de Marx partiu de uma pergunta que questionava o aparentemente óbvio: como surge este fenômeno estranho de encontrarmos no mercado um conjunto de compradores – possuidores de terra, de maquinaria, de matéria-prima e de meios de subsistência, coisas que, todas elas, salvo a terra em seu estado bruto, são produtos do trabalho – e um conjunto de vendedores, que, por sua vez, não têm nada para vender exceto sua força de trabalho, seus braços e cérebros que trabalham? Um conjunto de homens que

---

[7] Ibidem, p. 244.

compra continuamente com vistas a ter lucro e a enriquecer, enquanto o outro conjunto continuamente vende para ganhar a vida?

O próprio Marx respondeu à pergunta.

> A relação capitalista pressupõe a separação entre os trabalhadores e a propriedade das condições da realização do trabalho. Tão logo a produção capitalista esteja de pé, ela não apenas conserva essa separação, mas a reproduz em escala cada vez maior. O processo que cria a relação capitalista não pode ser senão o processo de separação entre o trabalhador e a propriedade das condições de realização de seu trabalho, processo que, por um lado, transforma em capital os meios sociais de subsistência e de produção e, por outro, converte os produtores diretos em trabalhadores assalariados. Assim chamada acumulação primitiva não é, por conseguinte, mais do que o processo histórico de separação entre produtor e meio de produção. Ela aparece como "primitiva" porque constitui a pré-história do capital e do modo de produção que lhe corresponde.[8]

As condições que propiciaram a acumulação primitiva foram a crescente divisão técnica e social do trabalho, o desenvolvimento amplo da troca comercial e a progressiva separação do produtor independente da terra e dos instrumentos de produção, que transformou os antigos produtores em potenciais proletários, desprovidos de qualquer meio de produção. Expropriação e proletarização são os dois termos da acumulação primitiva em estado puro, a perfeita separação, mediante a violência legalizada, do produtor de seus meios de produção.

---

[8] Ibidem, p. 786.

Na história da acumulação primitiva, o que faz época são todos os revolucionamentos que servem de alavanca à classe capitalista em formação, mas, acima de tudo, os momentos em que grandes massas humanas são despojadas súbita e violentamente de seus meios de subsistência e lançadas no mercado de trabalho como proletários absolutamente livres. A expropriação da terra que antes pertencia ao produtor rural, ao camponês, constitui a base de todo o processo. Sua história assume tonalidades distintas nos diversos países e percorre as várias fases em sucessão diversa e em diferentes épocas históricas.[9]

Os camponeses expropriados não possuíam direitos de propriedade em sentido estrito. Eles só tinham direitos tradicionais. À medida que os mercados evoluíram, primeiro a nobreza faminta de terra, e mais tarde a burguesia, usaram o Estado para criar uma estrutura legal para revogar estes direitos tradicionais. Com essa base, originou-se um sistema de produção que se estendeu por todo o planeta.

Mas de onde e como apareceram os capitalistas? Por sua origem social, poderiam ter sido comerciantes, antigos nobres, mestres artesãos enriquecidos, ou até servos libertados (ou fugidos do feudo) que conseguiram subir de posição social. O mais importante é de onde vieram os capitais, essa massa de dinheiro necessária para a nova escala da produção. Uma das fontes foi essa forma de capital que a Antiguidade havia legado à era feudal e que foi repassada ao capitalismo: o capital comercial e usuário. Mas,

> o regime feudal no campo e a constituição corporativa na cidade impediram o capital monetário, constituído pela usura

---
[9] Ibidem, p. 787.

e pelo comércio, de se converter em capital industrial. Essas barreiras caíram com a dissolução dos séquitos feudais e com a expropriação e parcial expulsão da população rural. A nova manufatura se instalou nos portos marítimos exportadores ou em pontos do campo não sujeitos ao controle do velho regime urbano e de sua constituição corporativa.[10]

A centralização da violência em um Estado de abrangência territorial ampla (um poder político centralizado) e de raio de ação além de suas fronteiras foram condições para o surgimento do capitalismo. As Cruzadas, a Guerra da Reconquista na Espanha e o avanço germânico em direção ao Leste europeu dinamizaram o comércio à longa distância, um dos fatores responsáveis pelo colapso econômico da estrutura feudal. No fim do século XII, em algumas cidades francesas, "revolucionários" assumiram o controle dos edifícios públicos protestando contra taxas, extorsões e restrições à sua liberdade de trabalhar e comerciar.

A ação deu lugar a uma onda de rumores e de terror acerca de novos movimentos desse tipo: os revolucionários eram, segundo o Papa, "os chamados burgueses" ou, nas palavras do arcebispo de Chateauneuf, *potentiore burgenses*, os poderosos dos burgos. O capital comercial da Idade Média, porém, não buscava a destruição do sistema econômico dominante, mas apenas participar da renda feudal, operando a partir do intercâmbio desigual entre regiões e setores produtivos. A continuidade incremental no processo de acumulação de capital foi garantida pelas transformações políticas operadas no Estado em confronto com as novas realidades sociais e políticas.

---

[10] Ibidem, p. 820-1.

Mas a grande fonte de acumulação primitiva de capital foi a colonização violenta da Ásia, da África e da América. Primeiro, foram a principal fonte de metais preciosos que permitiu reunir o dinheiro necessário para a produção em grande escala. Depois, transformaram-se em um grande fornecedor de matérias-primas para a grande indústria e de alimentos para seus trabalhadores, por meio das grandes plantações sob regime escravista. Esse processo deu o impulso decisivo à acumulação capitalista: "[o sistema colonial] era o 'deus estranho' que se colocou sobre o altar, ao lado dos velhos ídolos da Europa, e que, um belo dia, lançou-os por terra com um só golpe. Tal sistema proclamou a produção de mais-valor como finalidade última e única da humanidade"[11].

Foi o cenário econômico mundial a mola mestra para a impulsão do capitalismo.

> A descoberta da América e a circum-navegação da África abriram um novo campo de ação à burguesia emergente. Os mercados das Índias Orientais e da China, a colonização da América, o comércio colonial, o incremento dos meios de troca e das mercadorias em geral imprimiram ao comércio, à indústria e à navegação um impulso desconhecido até então; e, por conseguinte, desenvolveram rapidamente o elemento revolucionário da sociedade feudal em decomposição. A organização feudal da indústria, em que esta era circunscrita a corporações fechadas, já não satisfazia as necessidades que cresciam com a abertura de novos mercados. A manufatura a substituiu. A pequena burguesia industrial suplantou os mestres das corporações; a divisão do trabalho entre as diferentes corporações desapareceu diante de divisão do trabalho dentro de própria oficina. [...]

---

[11] Ibidem, p. 824.

A grande indústria criou o mercado mundial, preparado pela descoberta da América. O mercado mundial acelerou enormemente o desenvolvimento do comércio, da navegação, dos meios de comunicação. Esse desenvolvimento reagiu, por sua vez, sobre a expansão da indústria; e, à medida que a indústria, o comércio, a navegação, as vias férreas se desenvolviam, crescia a burguesia, multiplicando seus capitais e colocando num segundo plano todas as classes legadas pela Idade Média.[12]

A colonização do mundo atrasado ou periférico (ao capital) foi o berço do moderno capitalismo das metrópoles, e um dos processos mais atrozes que a humanidade já conheceu: "A descoberta das terras auríferas e argentíferas na América, o extermínio, escravização e soterramento da população nativa nas minas, o começo da conquista e saqueio das Índias Orientais, a transformação da África numa reserva para a caça comercial de peles-negras caracterizam a aurora da era da produção capitalista. Esses processos idílicos constituem momentos fundamentais da acumulação primitiva"[13]. Marx citou a opinião de uma testemunha cristã desse processo: "As barbaridades e as iníquas crueldades perpetradas pelas assim chamadas raças cristãs, em todas as regiões do mundo e contra todos os povos que conseguiram subjugar, não encontram paralelo em nenhuma era da história universal e em nenhuma raça, por mais selvagem e inculta, por mais desapiedada e inescrupulosa que fosse"[14].

---

[12] Karl Marx e Friedrich Engels, *Manifesto Comunista* (trad. Álvaro Pina e Ivana Jinkings, São Paulo, Boitempo, 2010), p. 41.

[13] Karl Marx, *O capital*, Livro I, cit., p. 821.

[14] Idem.

O sofrimento dos ameríndios e dos africanos se transformou em tragédia universal. Uma das condições indispensáveis para a formação da indústria manufatureira era a acumulação dos capitais, e esta foi facilitada pela descoberta da América e pela invasão de seus metais preciosos no mercado. As necessidades comerciais do novo mercado mundial determinaram o extermínio e a redução à escravidão das populações aborígenes, sepultadas nas minas. Bem como "o saqueio das Índias Orientais" e "a transformação da África numa reserva para a caça comercial de peles-negras"[15], seguidos da guerra comercial das nações europeias, com o globo terráqueo como teatro, que continuou até o século XIX, nas guerras contra a China.

A escravidão em larga escala teve sua origem no massacre dos povos ameríndios:

> Poucos anos depois da descoberta da América, quando a crueldade e a voracidade da exploração dos colonos espanhóis literalmente exterminou a frágil população indígena, foi ideado o recurso de trazer da África, como escravos, uma mão de obra mais forte, capaz de realizar trabalhos nas minas e nos engenhos de cana de açúcar. A mesma necessidade foi advertida, anos mais tarde, nos grandes domínios espanhóis do continente (americano).[16]

A sociedade baseada no trabalho livre surgiu com base no trabalho escravo.

O fundamento e objetivo do sistema colonial foi o de produzir lucros comerciais e servir como escoadouro da crescente produção manufaturada europeia. O surgimento das colônias

---

[15] Idem.
[16] José Luis Martínez, *Pasajeros de Indias: viajes transatlánticos en el siglo XVI* (Madri, Alianza, 1983), p. 181. Tradução nossa.

deveu-se à necessidade de geração de novos recursos mediante o comércio de produtos agrícolas nas metrópoles e a venda de manufaturas metropolitanas nas áreas periféricas, gerando riqueza monetária para a acumulação primitiva de capitais.

A colonização dos trópicos montou as bases para a produção de bens agrícolas geradores de lucros mercantis. Um elemento basal da acumulação capitalista originária foi, por isso, o colonialismo, a conquista e colonização da América e a submissão e saque da África, principal fonte de mão de obra escrava. A exploração das colônias ultramarinas por meio de saques, especulação comercial, tráfico de escravos e monopólios mercantis propiciou enormes oportunidades de enriquecimento para a parcela mais dinâmica e ambiciosa da burguesia europeia.

Assim foi a chegada ao mundo desse regime de produção portador da bandeira da "liberdade de comércio", expressão ideológica do império da lei do valor. Não é de se estranhar que Marx concluísse que, "se o dinheiro, como diz Augier, 'vem ao mundo com manchas naturais de sangue numa de suas faces', o capital nasce escorrendo sangue e lama por todos os poros, da cabeça aos pés"[17].

Em resumo, a acumulação originária de capital se desenvolveu a partir dos pressupostos da concentração dos recursos (dinheiro e terras) nas mãos de um pequeno número de proprietários, e da formação de um grande contingente de indivíduos despossuídos de bens e obrigados a vender sua força de trabalho. Isso foi possível graças às riquezas acumuladas pelos negociantes europeus com o tráfico de escravos africanos, com o saque colonial, com a apropriação privada das terras comunais dos camponeses,

---

[17] Karl Marx, *O capital*, Livro, cit., p. 829-30.

com a proteção das manufaturas nacionais, e com o confisco e/ou venda a baixo preço das terras da Igreja.

A acumulação originária imbricou, dessa maneira, processos internos e externos de economias europeias em estado de expansão/retrocesso espasmódico. Os economistas clássicos, anteriores a Karl Marx, não viam a acumulação originária a partir desse ângulo, pois não conseguiam ir além das aparências: identificavam o capital com o dinheiro e, em outros casos, com os meios de produção (capital fixo); daí sua conclusão de que o capitalismo (como quer que o chamassem) existia desde quando o homem elaborou os primeiros instrumentos de trabalho.

A exploração de territórios ultramarinos não foi uma condição só para o nascimento do capitalismo, mas também para sua expansão.

> Tais métodos, como, por exemplo, o sistema colonial, baseiam-se, em parte, na violência mais brutal. Todos eles, porém, lançaram mão do poder do Estado, da violência concentrada e organizada da sociedade, para impulsionar artificialmente o processo de transformação do modo de produção feudal em capitalista e abreviar a transição de um para o outro. [...]
> O sistema colonial amadureceu o comércio e a navegação como plantas num hibernáculo. As "sociedades *Monopolia*" (Lutero) foram alavancas poderosas da concentração de capital. Às manufaturas em ascensão, as colônias garantiam um mercado de escoamento e uma acumulação potenciada pelo monopólio do mercado. Os tesouros espoliados fora da Europa diretamente mediante o saqueio, a escravização e o latrocínio refluíam à metrópole e lá se transformavam em capital.[18]

---

[18] Ibidem, p. 821-3.

## A tendência da acumulação capitalista

O nascimento do capitalismo demonstrou que "a violência é a parteira de toda sociedade velha que está prenhe de uma sociedade nova"[19]. Mas mostra também que, mais do que em nenhum outro sistema social, seu nascimento é o próprio começo de sua morte, indicando a via pela qual ela acontecerá.

Foi o próprio capitalismo que deu o primeiro golpe na propriedade privada: "A propriedade privada constituída por meio do trabalho próprio [...] cede lugar à propriedade privada capitalista, que repousa na exploração de trabalho alheio, mas formalmente livre"[20].

O mérito (função) histórico do capitalismo consiste em reunir os antigos produtores independentes, já expropriados, novamente com os meios de produção, mas agora na fábrica, com a produção concentrada e uma elevada produtividade do trabalho. Uma vez cumprida essa tarefa, uma vez que o capital apoderou-se da esfera da produção, as condições mudam:

> Quem será expropriado, agora, não é mais o trabalhador que trabalha para si próprio, mas o capitalista que explora muitos trabalhadores. [...] Cada capitalista liquida muitos outros. Paralelamente a essa centralização, ou à expropriação de muitos capitalistas por poucos, desenvolve-se a forma cooperativa do processo de trabalho em escala cada vez maior, a aplicação técnica consciente da ciência, a exploração planejada da terra, a transformação dos meios de trabalho em meios de trabalho

---

[19] Ibidem, p. 821.
[20] Ibidem, p. 831.

que só podem ser utilizados coletivamente, a economia de todos os meios de produção. [...]

Com a diminuição constante no número de magnatas do capital, que usurpam e monopolizam todas as vantagens desse processo de transformação, aumenta a massa de miséria, opressão, servidão, degeneração, exploração, mas também a revolta da classe trabalhadora, que, cada vez mais numerosa, é instruída, unida e organizada pelo próprio mecanismo do processo de produção capitalista. O monopólio do capital se converte num entrave para o modo de produção que floresceu com ele e sob ele. A centralização dos meios de produção e a socialização do trabalho atingem um grau em que se tornam incompatíveis com seu invólucro capitalista. Arrebenta-se o entrave. Soa a hora derradeira da propriedade privada capitalista, e os expropriadores são expropriados.[21]

Novamente, a violência presidirá esse processo de expropriação; nesse caso, "ela não restabelece a propriedade privada, mas a propriedade individual sobre a base daquilo que foi conquistado na era capitalista, isto é, sobre a base da cooperação e da posse comum da terra e dos meios de produção produzidos pelo próprio trabalho. [...] No primeiro [caso], tratava-se da expropriação da massa do povo por poucos usurpadores; no segundo, trata-se da expropriação de poucos usurpadores pela massa do povo"[22].

---

[21] Ibidem, p. 832.
[22] Ibidem, p. 833.

# VII
# O fetichismo na sociedade capitalista

Até aqui vimos como se desenvolve o processo de produção capitalista. Na vida cotidiana, esse processo aparece, sem dúvida, de maneira bem diferente. Já assinalamos que, sob o capitalismo, o processo de trabalho é, ao mesmo tempo, um processo de valorização do capital: os trabalhadores produzem mais-valor, que é incorporado ao capital sob a forma de novas máquinas, edifícios, uma melhor ou mais "eficiente" organização do trabalho etc.

É aqui que se produz o paradoxo do que é um produto do trabalho (os valores criados pelos operários) *aparecendo* como uma condição para executá-lo.

> O capital tem um único impulso vital, o impulso de se autovalorizar, de criar mais-valor, de absorver, com sua parte constante, que são os meios de produção, a maior quantidade possível de mais-trabalho. O capital é trabalho morto, que, como um vampiro, vive apenas da sucção de trabalho vivo, e vive tanto mais quanto mais trabalho vivo suga. O tempo durante o qual o trabalhador trabalha é o tempo durante o qual o capitalista consome a força de trabalho que comprou do trabalhador.[1]

---

[1] Karl Marx, *O capital: crítica da economia política*, Livro I: *O processo de produção do capital* (2. ed., trad. Rubens Enderle, São Paulo, Boitempo, 2017), p 307.

Assim, tudo aparece invertido na realidade cotidiana do capitalismo; como o trabalho vivo já está incorporado ao capital, todas as forças produtivas sociais do trabalho apresentam-se como forças produtivas do capital, como propriedades inerentes a ele. Essa ilusão cresce quanto mais se desenvolve a produção capitalista. A ciência, como o produto intelectual geral do desenvolvimento social, apresenta-se ao mesmo tempo como diretamente incorporada ao capital, e o desenvolvimento geral da sociedade, enquanto é usufruído pelo capital, contrapondo-se ao trabalho, apresenta-se como desenvolvimento do capital, e isso tanto mais quanto para a grande maioria esse desenvolvimento acontece em paralelo ao desgaste da capacidade de trabalho.

As leis que governam a produção capitalista não são imediatamente perceptíveis porque suas relações sociais se expressam por meio de categorias *fetichizadas*, nas quais o produto do trabalho humano *aparece* não como sua propriedade, mas como propriedade desse produto, como se fosse um totem ou fetiche; onde o trabalho é comunal, as relações entre homens em sua produção social não se manifestam como "valores" das coisas.

O *fetichismo da mercadoria* consiste no fato de que, para os produtores, as relações de troca existem e se realizam por características intrínsecas às próprias mercadorias.

> O caráter misterioso da forma-mercadoria consiste, portanto, simplesmente no fato de que ela reflete aos homens os caracteres sociais de seu próprio trabalho como caracteres objetivos dos próprios produtos do trabalho, como propriedades sociais que são naturais a essas coisas e, por isso, reflete também a relação social dos produtores com o trabalho total

como uma relação social entre os objetos, existente à margem dos produtores.²

Segundo Isaak Rubin, a ausência de regulação direta do processo social de produção leva necessariamente à sua regulação indireta, por meio do mercado, dos produtos do trabalho, de coisas. "A materialização das relações de produção não surge por meio de hábitos, mas da estrutura interna da produção mercantil. O fetichismo não é apenas um fenômeno da consciência social, mas da existência social."³ No feudalismo (ou em outros modos de produção pré-capitalistas),

> os trabalhos e seus produtos não precisam assumir uma forma fantástica distinta de sua realidade. Eles entram na engrenagem social como serviços e pagamentos *in natura*. [...] Julguem-se como se queiram as máscaras atrás das quais os homens aqui se confrontam, o fato é que as relações sociais das pessoas em seus trabalhos aparecem como suas próprias relações pessoais e não se encontram travestidas em relações sociais entre coisas, entre produtos de trabalho.⁴

A relação social entre homens proprietários de mercadorias aparece como uma relação entre as mercadorias, independente da ação e da vontade humana.

Na medida em que os produtos do trabalho do operário separam-se dele e o dominam sob a forma de capital, todo o trabalho aparece para ele como tendo sido realizado pelo capital; o operário só teria realizado uma tarefa subordinada. Consuma-se assim seu acorrentamento total ao

---

[2] Ibidem, p. 147.
[3] Isaak Illich Rubin, *A teoria marxista do valor* (trad. José Bonifácio de S. Amaral Filho, São Paulo, Brasiliense, 1980), p. 72.
[4] Karl Marx, *O capital*, Livro I, cit., p. 152.

capitalismo, pois ao operário parece que só pode trabalhar graças ao capital. A linguagem corrente entroniza essa mistificação com frases tais como "a Ford investiu na criação de mil empregos", e assim por diante. Produz-se um fenômeno: o que é uma *relação social entre homens* (trabalhadores assalariados e capitalistas) aparece como se fosse uma *coisa* (o capital) que domina os homens; aos operários porque lhes parece que não poderiam trabalhar sem ele, e ao capitalista porque só conta enquanto personificação do capital.

O capital aparece como uma coisa, sem a qual o processo de trabalho seria impossível. Com isso, consegue dois objetivos: ocultar a relação entre explorador e explorado e criar a ilusão de que é eterno, posto que sem ele não se poderia trabalhar. Daí a importância da distinção entre processo de trabalho e processo de valorização, pois já sabemos que em sociedades anteriores (feudal, escravista), os meios de produção não assumiam a forma de capital, e que nas sociedades atuais, nas quais o capital foi expropriado, o processo de trabalho não se deteve.

De onde vem essa mistificação?

Quando o capitalista contrata o operário no mercado de trabalho, o capital já aparece como dando trabalho ao operário, quando, na realidade, é o próprio trabalho operário que criou o capital. Desde o início, então, a criação de riqueza e o desenvolvimento das forças produtivas aparecem como um atributo do capital e não como uma propriedade do trabalho. O próprio dinheiro com o qual o capitalista promete pagar os salários não é mais do que trabalho operário anteriormente capitalizado.

Já a mercadoria, a forma mais simples da riqueza capitalista, aparece não como um produto do trabalho, mas como uma coisa com qualidades próprias, independente do trabalho que a criou. Quando se diz "esta mercadoria custa ou vale tanto", ou "esta mercadoria tem grandes possibilidades de ser vendida", não se faz mais do que refletir na linguagem essa mistificação própria do capitalismo. Os produtos do trabalho, ao terem de passar pelo mercado, dão a impressão de que assumem personalidade própria: as mercadorias parecem se vender sozinhas, ou trocarem-se entre si.

Marx chamou esse fenômeno de *fetichismo mercantil*. As tribos primitivas criavam fetiches aos quais depois atribuíam personalidades e poderes próprios (atrair a chuva, por exemplo). Se essa forma de fetichismo natural desapareceu, foi suplantada por um *fetichismo social*: os produtos do trabalho humano (mercadorias, capital) aparecem aos homens como se fossem dotados de personalidade própria e os dominam. Nas sociedades primitivas, a criação de fetiches tinha como motivo o escasso poder dos homens diante da natureza. A sociedade estava desarmada diante das secas, das tormentas, das epidemias. Na sociedade atual, alcançou-se um alto domínio sobre a natureza. As pestes modernas têm uma origem puramente social: falta de empregos, impossibilidade de comprar mercadorias etc.; é como se as mercadorias e os capitais se divertissem em fazer sofrer os homens.

> A forma-mercadoria e a relação de valor dos produtos do trabalho em que ela se representa não guardam, ao contrário, absolutamente nenhuma relação com sua natureza física e com as relações materiais [*dinglichen*] que derivam desta última. É apenas uma relação social determinada entre os próprios homens que aqui assume, para eles, a forma fantasmagórica de uma relação entre coisas. Desse modo, para encontrarmos uma analogia, temos de nos refugiar na região

nebulosa do mundo religioso. Aqui, os produtos do cérebro humano parecem dotados de vida própria, como figuras independentes que travam relação umas com as outras e com os homens. Assim se apresentam, no mundo das mercadorias, os produtos da mão humana. A isso eu chamo de fetichismo, que se cola aos produtos do trabalho tão logo eles são produzidos como mercadorias e que, por isso, é inseparável da produção de mercadorias.[5]

O conceito de *fetiche social* forneceu a base para uma teoria do conhecimento fundada na distinção e contraposição entre a essência das relações sociais e sua forma fenomênica. O fetichismo da mercadoria só se realiza plenamente no capitalismo, no qual as propriedades da força de trabalho aparecem como propriedades e potências do capital: essas relações se apresentam como naturais, velando desse modo seu caráter histórico. Aparência e realidade do modo de produção não coincidem: o desvendamento do caráter fetichista das categorias econômicas da era do capital foi a base para a *crítica da economia política*: "A forma de valor do produto do trabalho é a forma mais abstrata mas também mais geral do modo burguês de produção, que assim se caracteriza como um tipo particular de produção social e, ao mesmo tempo, um tipo histórico"[6].

O que nos diz a teoria social fundada nesse conceito? Que o capitalismo não possui mecanismos por meio dos quais a sociedade possa decidir coletivamente o quanto de seu trabalho será direcionado a tarefas particulares. O desenvolvimento da divisão de trabalho significa que a

---

[5] Ibidem, p. 147-8.
[6] Ibidem, p. 155.

produção em cada local de trabalho é separada da dos demais: cada produtor não pode satisfazer suas necessidades a partir de sua própria produção. A reprodução do capital não é idêntica à reprodução do ser social. A sociabilidade, em geral, tem no intercâmbio orgânico com a natureza sua categoria fundadora: o trabalho funda o ser social em sua universalidade.

Os diversos modos de produção têm em comum o fato de que, sem a transformação da natureza em meios de produção e de subsistência, não há reprodução social. Se a produção de mais-valor é a mediação pela qual se reproduz o capital, isso não cancela o fato de que a reprodução da sociabilidade capitalista depende de sua capacidade de continuar transformando a natureza em meios de produção e de subsistência. As duas dimensões da vida social se sobrepõem pela mediação do capital: se quase toda transformação da natureza se converteu em trabalho assalariado, nem todo trabalho assalariado converte a natureza em meios de produção e de subsistência; se toda conversão da natureza em meios de produção e de subsistência por meio do trabalho assalariado produz mais-valor, nem toda geração de mais-valor ocorre no intercâmbio com a natureza.

O fetichismo mercantil alcança sua forma mais desenvolvida no dinheiro, que não é mais do que uma mercadoria criada pelos homens para servir de equivalente geral entre todas elas, e que assume uma personalidade própria, como se fosse capaz de comprar todas as mercadorias por ser dinheiro – "ser dinheiro é uma propriedade do ouro", dizia o economista clássico David Ricardo – e ainda fosse capaz de comprar os próprios homens.

O fetichismo da mercadoria, do dinheiro e do capital é um *meio de coerção do capital sobre os trabalhadores*. Sendo essas três categorias econômicas as instâncias fundamentais de organização da sociedade burguesa, sua mistificação oculta as relações de exploração que existem por trás delas. Mas não basta tomar consciência do problema para aboli-lo, pois o capitalismo reproduz constantemente as condições sociais sobre as quais se originam as categorias fetichistas. Para aboli-las, Marx não se propôs predicar "a verdade", mas destruir revolucionariamente as condições sociais que lhes dão origem, dotando a classe revolucionária (o proletariado) da crítica do fetichismo; crítica que, nas mãos da classe trabalhadora, converte-se no programa da revolução.

O próprio desenvolvimento do capitalismo fornece os elementos para a destruição da mistificação. Durante as crises econômicas, o capital aparece como um freio absoluto ao desenvolvimento das forças produtivas e da satisfação das necessidades sociais: gera desemprego, miséria para os trabalhadores e é uma trava ao progresso científico. Nas guerras, os interesses do capital destroem os produtos do trabalho humano e massacram os trabalhadores. O ídolo cai. As próprias tendências do capitalismo colocam em evidência que não existem relações entre coisas, mas conflitos entre homens, entre classes sociais. As miseráveis condições criadas pelo capitalismo geram revoltas permanentes, e por meio da crise, os próprios produtores tomam consciência da mistificação. A exclusiva coerção do capital não basta. É então que "a sociedade dividida em classes, que só pode determinar as relações entre os homens com a ajuda de fetiches religiosos ou laicos, coloca esses fetiches sob a proteção do mais terrível de todos: o Estado, com um grande punhal entre os dentes"[7].

---

[7] Leon Trótski, *A revolução traída* (trad. Olinto Beckerman, São Paulo, Global, 1980), p. 42.

O fetichismo do Estado é muito mais velho que a sociedade mercantil: tem origem no direito "divino" de reis e faraós. Se, nas sociedades mais antigas, a "vontade divina" bastava para disfarçar o Estado, na moderna sociedade capitalista ele encobre-se com um disfarce mais humano: "a expressão da vontade geral". Porém, em sua própria origem – a dívida pública contraída pelos monarcas dos usureiros, que obrigou a convocatória do Parlamento, situação na qual os capitalistas acharam o terreno político para fazer valer seus interesses – revela a subordinação do Estado ao capital.

A mais radical das revoluções burguesas – a Revolução Francesa – nasceu como um instrumento de opressão classista, ao castigar severamente toda tentativa de organização operária independente. Se, posteriormente, o Estado construiu todo um aparato para ocultar sua essência, nos momentos de crise revolucionária esse ídolo também cai: o Estado aparece claramente como o instrumento de uma classe, cuja coluna vertebral são os destacamentos de homens armados[8], os quais substituem os juízes, deputados e presidentes.

Para destruir as categorias fetichistas, acabando com a sociedade da qual surgem, o proletariado se vê obrigado a derrubar o Estado capitalista. A tomada do poder pela classe operária significa o começo da extinção do fetiche mercantil, e de uma transformação social que vai abolir as formas fetichistas à medida que desapareça sua necessidade:

> No interior da sociedade cooperativa, fundada na propriedade comum dos meios de produção, os produtores não trocam seus produtos; do mesmo modo, o trabalho transformado

---

[8] Ver Friedrich Engels, *A origem da família, da propriedade privada e do Estado: em conexão com as pesquisas de Lewis H. Morgan* (trad. Nélio Schneider, São Paulo, Boitempo, 2019).

em produtos não aparece aqui como valor desses produtos, como uma qualidade material que eles possuem, pois agora, em oposição à sociedade capitalista, os trabalhos individuais existem não mais como um desvio, mas imediatamente como parte integrante do trabalho total.[9]

É, portanto, o início do fim do fetiche mercantil e, com ele, do fetiche do capital.

---

[9] Karl Marx, *Crítica do Programa de Gotha* (trad. Rubens Enderle, São Paulo, Boitempo, 2012), p. 29.

# VIII
# A tendência do capitalismo à queda

As próprias leis internas ao capitalismo o conduzem a crises cada vez mais profundas e, em última análise, direcionam-no à própria morte. Essa tendência do capitalismo à queda é negada pelos teóricos burgueses antimarxistas e pelos revisionistas do marxismo, os quais caricaturizam essa tendência, apresentando-a como uma espécie de "Dia do Juízo Final" do capitalismo. Na realidade, o objetivo de *O capital* é mostrar a marcha inevitável do sistema capitalista em direção à morte. E não é estranho que tal objetivo seja combatido pelas correntes contrarrevolucionárias do movimento operário, que se acomodaram muito bem à existência do capitalismo. Nesse ponto, manifesta-se a importância da dialética para a análise da sociedade, pois as mesmas leis que dão vida ao capitalismo são as que contêm sua negação, a certeza da sua morte. Vejamos a seguir como.

Antes de mais nada, lembremos que a fonte do mais-valor capitalista é o capital variável, os trabalhadores (a força de trabalho) que o capitalista emprega em troca de salários. Mas o capitalista não emprega o dinheiro apenas para pagar esses salários; ele também desembolsa dinheiro para maquinário, prédios, matérias-primas e tudo o que for necessário para a produção de mercadorias. O que conta para o capitalista não é simplesmente o retorno que ele obtém sobre o capital variável, mas sobre seu investimento total (capital variável + capital constante). Marx distinguiu, por isso, entre *taxa de mais-valor* e *taxa de lucro*.

A taxa de mais-valor é a razão entre mais-valor e capital variável. A taxa de lucro é a razão entre mais-valor e capital total (variável e constante). A taxa de mais-valor é mais importante, do ponto de vista da produção capitalista, porque a força de trabalho é a única fonte de valor. Mas o que importa ao capitalista é a taxa de lucro, porque ele precisa de um retorno adequado sobre seu investimento total, não só sobre o que gasta com salários. A concorrência capitalista, por sua vez, oculta as verdadeiras relações de produção. A taxa de lucro é aquela que os capitalistas usam em seus cálculos cotidianos. O conceito relaciona o mais-valor ao capital total: o fato de que a força de trabalho é a fonte do mais-valor fica oculto. O fetichismo do capital *dá a impressão* de que o capital constante investido nos meios de produção é também responsável por criar valor e mais-valor. A *aparência* da economia capitalista leva a acreditar que as relações sociais são, de algum modo, governadas por objetos físicos – valores de uso e maquinário.

A taxa de lucro difere de indústria para indústria e de setor para setor, dependendo das condições de produção predominantes, determinadas pela *composição orgânica de capital*, a razão recíproca do capital constante em relação ao capital variável, que reflete (em termos de valor) o montante de maquinário, matérias-primas e tudo que é necessário para produzir uma dada mercadoria em relação à força de trabalho necessária. Isso é, de fato, uma medida da produtividade do trabalho. Pois quanto mais eficiente a força de trabalho, mais o trabalhador produzirá com um determinado maquinário, mais matérias-primas serão utilizadas pelo trabalhador, e assim por diante. Quanto mais alta for a produtividade do trabalho, maior é a composição orgânica do capital.

Os capitais se deslocam constantemente à procura de taxas de lucro mais elevadas. O equilíbrio é atingido quando os preços de diferentes bens se situam em níveis que possibilitem a cada capital a mesma taxa de lucro, como se todo o mais-valor extraído dos trabalhadores, em todos os empregos, fluísse para um único fundo comum, do qual os capitalistas tirassem lucros em proporção às somas de seus investimentos. A origem do mais-valor é, desse modo, mistificada, já que os lucros obtidos por cada capitalista não parecem possuir qualquer relação com o montante de trabalho realizado pelos trabalhadores. Todos esses fenômenos parecem contradizer a determinação do valor pelo tempo de trabalho. Assim, tudo aparece invertido, como condições de competição.

"Esse incessante fluxo e influxo", mediante o qual o capital é constantemente redistribuído entre as diferentes esferas da produção, dependendo de sua relativa lucratividade, continua até que ele crie tal razão de oferta e procura que "esse lucro médio não pode ser outra coisa senão o lucro correspondente ao capital médio da sociedade, cuja soma é igual à soma dos mais-valores, e que os preços obtidos ao somar esse lucro médio aos preços de custo não podem ser senão os valores convertidos em preços de produção"[1].

O problema da transformação dos valores em preços de produção surge somente ao se considerar as diferenças entre capitais. É somente quando consideramos a esfera de muitos capitais, e a concorrência entre eles, que somos

---

[1] Karl Marx, *O capital: crítica da economia política*, Livro III: *o processo global da produção capitalista* (trad. Rubens Enderle, São Paulo, Boitempo, 2017), p. 208.

obrigados a deixar de lado a suposição de que as mercadorias são trocadas por seus valores respectivos. Isso é necessário se quisermos "descobrir e expor as formas concretas que brotam do processo de movimento do capital considerado como um todo"[2]. Só é possível fazer isso com sucesso, porém, graças à abstração de presumir que as mercadorias são trocadas pelos seus valores, suposição necessária para analisar o "capital em geral".

## A taxa média de lucro

Sabemos que o lucro do capitalista provém exclusivamente do mais-valor extraído do trabalho do operário, ou seja, da parte variável do capital. Mas o sentido prático do burguês não está interessado em saber de onde vem seu lucro, mas em quanto pode ganhar. É lógico que o cálculo de seu lucro é feito levando-se em conta a totalidade do capital "adiantado", e não só sua parte variável. Para cada capitalista, sua taxa de lucro é:

$$l = \frac{mv}{c + v}$$

onde:  $l$: taxa de lucro
mv: mais-valor
c: capital constante
v: capital variável

A taxa de lucro será expressa em uma porcentagem que indicará quanto dinheiro será obtido por unidade investida (se $l = 20\%$, obterá \$20 para cada \$100 investidos). Para

---

[2] Ibidem, p. 53.

o capitalista, a taxa de lucro parece proveniente do conjunto do capital, e especialmente de sua parte constante (máquinas, edifícios etc.), pois ele calcula o rendimento de sua fábrica de acordo com as máquinas que possui, sendo os operários apenas um apêndice delas. A lei do valor opera, assim, *assemelhando* seu contrário, como se o valor das mercadorias dependesse não da quantidade de trabalho incorporada, e sim do valor das máquinas. O lucro é, para Marx, "uma forma transformada do mais-valor, uma forma em que sua origem e o segredo de sua existência são encobertos e apagados"[3]. Já veremos como o "sentido prático" do burguês, que está na origem dessa forma, acaba se transformando em uma péssima jogada para ele.

Agora imaginemos dois ramos da produção que trabalham com uma taxa de mais-valor igual a 100%, mas que possuem proporções distintas de capital constante e variável, e calculemos suas taxas de lucro:

|   | c | v | mv | valor produzido | 1 | |
|---|---|---|----|-----------------|-----|---|
| A | 80 | 20 | 20 | 120 | 20% | $\dfrac{20}{80 + 20}$ |
| B | 20 | 80 | 80 | 180 | 80% | $\dfrac{80}{20 + 80}$ |

Os capitais adiantados são iguais e o grau de exploração também, porém o mais-valor flutua de acordo com a quantidade de trabalho vivo em cada capital e, consequentemente, o lucro também varia. A situação parece ilógica, sobretudo se for considerado que quem menos ganha são

---

[3] Ibidem, p. 73.

os capitalistas do ramo A, que possuem maior proporção de capital constante (máquinas). Aqui entra em jogo a concorrência entre capitalistas no mercado, pois é evidente que os capitalistas do ramo A migrarão para o ramo B, no qual podem obter maior lucro. Mas isso produzirá uma maior oferta de produtos do ramo B, o que fará baixar os preços, e consequentemente, também os lucros; isso acarretará um retorno a uma situação de equilíbrio entre A e B.

Esse movimento de concorrência entre os capitalistas, de deslocamento de capitais de um ramo a outro, de luta pelo mercado e de oscilações de preços acontece permanentemente na economia capitalista, e é o que determina uma taxa média de lucro para o conjunto da economia, que resulta de se levar em conta o conjunto de capitais investidos e a totalidade de mais-valor produzido. Se mantivermos os números de nosso exemplo anterior, essa taxa será igual a:

$$1 = \frac{(20 + 80)}{(80 + 20) + (20 + 80)} = \frac{100}{200} = 50\%$$

Os lucros dos capitais investidos no ramo A e no ramo B se nivelarão de acordo com a taxa média de lucro existente na sociedade em um dado momento (em nosso caso, igual a 50% sobre o capital investido):

|  | c | v | taxa média de lucro | valor produzido |
|---|---|---|---|---|
| **ramo A** | 80 | 20 | 50 (50% de c + v) | 150 |
| **ramo B** | 20 | 80 | 50 (50% de c + v) | 150 |

A situação de A e B equilibrou-se ao se adequar à *taxa média de lucro*. A soma dos lucros (100) continua sendo igual à soma dos mais-valores produzidos no exemplo anterior; do mesmo modo, a soma dos preços de mercado (300) coincide com a soma dos valores criados. Portanto, a lei do valor continua imperando, mas desapareceu da superfície dos acontecimentos, na qual o mais-valor e o valor foram ocultados pelo lucro e pelos preços.

As taxas de lucro variam de um setor para outro, resultando em uma *taxa média de lucro*, resultado da equalização das diversas taxas.

> Como essa lei da "taxa média de lucro", aparentemente tão seca, oferece uma visão profunda do sólido fundamento material da solidariedade de classe dos capitalistas, que, mesmo sendo irmãos inimigos em sua atividade cotidiana, formam, perante a classe trabalhadora, uma maçonaria fortemente e pessoalmente interessada na exploração coletiva dessa classe![4]

Uma consequência da *equalização da taxa de lucro* é que a lei do valor, que rege a produção mercantil, deve ser concretizada no caso da sociedade capitalista. A emergência da taxa geral de lucro necessita da transformação de valores em preços de custo que são diferentes desses valores. Marx, como vimos, chamou os valores convertidos que refletem a taxa geral (média) de lucro de *preços de produção*: "A soma dos lucros de todas as diferentes esferas da produção tem de ser igual à soma dos mais-valores, e a soma dos preços de produção do produto total da sociedade tem de ser igual à soma de seus valores"[5].

Os preços de produção são uma consequência inevitável do fato de que "o capital existe e só pode existir como muitos

---

[4] Ibidem, p. 27.
[5] Ibidem, p. 207.

capitais"⁶. Por isso, a conversão de valores em preços de produção é parte do processo da formação dos próprios valores.

> O que a concorrência realiza, começando por uma esfera individual da produção, é a criação de um valor de mercado e um preço de mercado iguais a partir dos diversos valores individuais das mercadorias. E é a concorrência dos capitais nas diversas esferas que primeiro fixa o preço de produção, equalizando as taxas de lucro nas distintas esferas.⁷

A concorrência entre indústrias (capitais) particulares leva as mercadorias a serem vendidas pelo tempo de trabalho socialmente necessário para produzi-las.

A transformação dos valores em preços de produção *completa* a teoria do valor. Marx assinalou que o desvio dos preços de produção em relação aos valores "é sempre compensado pelo fato de que o que entra demais numa mercadoria para compor o mais-valor entra de menos na outra e, assim, também se anulam mutuamente os desvios em relação ao valor que se encontram nos preços de produção das mercadorias"⁸.

Nas instâncias da concorrência intercapitalista e do movimento de capitais de um setor da produção para outro, segundo as diversas taxas de lucro individuais ou setoriais, os valores se transformam em preços de produção a instâncias de uma *taxa média de lucro*, que determina distintas *massas de lucro* segundo a magnitude do capital comprometido. A

---

[6] Idem, *Grundrisse. Manuscritos econômicos de 1857-1858: esboços da crítica da economia política* (trad. Mario Duayer e Nélio Schneider, São Paulo/Rio de Janeiro, Boitempo/Ed. UFRJ, 2011), p. 338.

[7] Idem, *O capital*, Livro III, cit., p. 214.

[8] Ibidem, p. 195.

reprodução ampliada do capital, contudo, se realiza segundo as exigências da lei do valor.

| Capital | Constante | Variável | Mais-valor | Preço de custo | Valor | Taxa média de lucro | Preço de produção | Desvio do preço a respeito do valor |
|---|---|---|---|---|---|---|---|---|
| I | 4.000 | 1.000 | 1.000 | 5.000 | 6.000 | 25% | 6.250 | +250 |
| II | 2.000 | 1.000 | 1.000 | 3.000 | 4.000 | 25% | 3.750 | -250 |

No caso exposto, na sociedade havia mais-valor demais produzido no setor I e, portanto, demasiados bens de consumo finais, não porque a demanda solvente fosse insuficiente, mas porque a massa de lucro nesse setor excedia as magnitudes do capital comprometido. O preço de produção das mercadorias produzidas pelo setor II deverá descer até abaixo de seu valor individual em 250 unidades monetárias, e em 250 acima de seu valor nas indústrias do setor I. Tudo para que a parte de mais-valor produzido em excesso pela indústria do setor II possa ser transferida para o setor I que, desse modo, acumulará mais capital e crescerá desigualmente a respeito do setor II. A diferença de mais-valor capitalizado por cada setor traduz as diversas magnitudes de capital investidas em um e no outro em virtude da taxa média de lucro comum aos dois, o que se opera por meio do mercado, às costas dos agentes da produção capitalista.

O movimento do capital produtivo determina os preços de produção que permitem distribuir os benefícios entre os capitalistas segundo o montante do capital investido por cada um deles, resultado que depende de três fatores: 1) a massa de mais-valor produzida pelo capital global; 2) a taxa geral ou média de lucro, isto é, a relação entre essa massa total de mais-valor e o capital global e 3) a concorrência entre os capitais particulares pela procura do máximo benefício. A *taxa média de lucro* fixa os *preços de produção* e a composição orgânica média, ou seja, *o tempo de trabalho socialmente necessário*, conceito que, desse modo, aparece em sua determinação plena.

O grau de desenvolvimento da força social produtiva do trabalho é diferente em cada esfera da produção, sendo maior ou menor na mesma proporção em que é maior ou menor a quantidade de meios de produção ou "trabalho morto" (máquinas, matérias-primas) posta em movimento por determinada quantidade de trabalho vivo. Os capitais de composição orgânica média são aqueles cuja massa de mais-valor produzida coincide com a realizada segundo a *quota de lucro média*, com preços de produção que não diferem de seus valores (no caso exposto abaixo, o capital b):

| capital a | 90c + 10v + 10mv = 110 | (preço de produção = 120) |
|---|---|---|
| capital b | 80c + 20v + 20mv = 120 | (preço de produção = 120) |
| capital c | 70c + 30v + 30mv = 130 | (preço de produção = 120) |

A *taxa média de lucro* é a força impulsionadora e a lei reguladora da produção capitalista. A lei fundamental da concorrência capitalista não é a lei da oferta e da demanda entre mercadorias (os preços de mercado), mas a lei que rege a concorrência entre capitalistas (a taxa média de lucro e os preços de produção), que regula a distribuição de mais-valor de acordo com a massa de capital com que cada capitalista participa no comum negócio de explorar trabalho assalariado. Numa situação com tendência ao aumento da taxa de lucro, a inversão em capital fixo e circulante aumenta, e o desemprego cai diante da consequente maior oferta de emprego. Não há crise, mas expansão. O capital está, além disso, em condições econômicas de conceder melhorias transitórias aos trabalhadores.

No ponto mais alto da fase expansiva, e imediatamente depois da crise, quando a economia capitalista entra na fase de crescimento lento, parte do capital adicional começa a ser expulsa da produção porque a taxa média de lucro não compensa seu investimento, e o desemprego aumenta na mesma proporção em que a inversão cai. É o momento em que, por outro lado, os capitalistas costumam iniciar nova e mais pesada ofensiva contra as condições de vida e de trabalho dos assalariados. As crises aparecem como *necessidade*, ou seja, como componente orgânica da *acumulação de capital*.

### A tendência decrescente da taxa de lucro

Para o capitalista, o cálculo do lucro individual é o único que parece válido. Então ele deixa os outros cálculos para aqueles que querem perder tempo com o que ele considera conversa fiada, tal como "fonte de valor", "origem do mais-valor" etc. Ele e os economistas burgueses estão preocupados apenas com o lucro. Mas o fato de não saber onde este lucro se origina lhe reserva as maiores surpresas.

Para o capitalista, existe uma maneira muito simples de burlar a taxa média de lucro e obter um lucro superior (o que é forçado a fazer antes que outro o faça em seu lugar e o tire do mercado): reduzir os custos de produção e continuar vendendo com os preços determinados pela taxa média de lucro. Para isso, deverá aumentar a produtividade do trabalho, com o que reduzirá o custo de cada mercadoria produzida. Mas para atingir esse objetivo, é necessário investir em mais máquinas, novas e aperfeiçoadas, e com isso não fará mais do que aumentar a proporção do capital constante em relação ao capital variável.

Os outros capitalistas, alarmados pela audácia de seu adversário, farão a mesma coisa – isso se não se retirarem, vencidos, do mercado. O resultado final do movimento será que, no conjunto de um ramo de produção, ou no conjunto da economia, terá se alterado a relação entre capital variável e capital constante a favor deste último. Bem, nós sabemos que o mais-valor provém do trabalho vivo, e é equivalente à parte variável do capital (salários). E isso não deixa de ter consequências para o deus do capitalismo, a taxa média de lucro. Esta é igual a $l = mv / (c + v)$ ou, o que é o mesmo, igual a $mv / K$, sendo K a totalidade dos capitais investidos $(c + v)$. Vamos imaginar várias situações nas quais o capital constante (c) aumenta, o capital variável (v) permanece igual e a taxa de mais-valor (de exploração) é de 100%:

Se c = 50, v = 100, mv = 100    $l = 100 / 150 = 67\%$
Se c = 100, v = 100, mv = 100   $l = 100 / 200 = 50\%$
Se c = 200, v = 100, mv = 100   $l = 100 / 300 = 33\%$
Se c = 300, v = 100, mv = 100   $l = 100 / 400 = 25\%$

Com igual capital variável e igual grau de exploração, o aumento de capital constante (ou, o que é o mesmo, o desenvolvimento das forças produtivas) produziu uma *queda da taxa média de lucro*. Note-se que o capital variável (ou seja, o número de operários empregados) e o mais-valor poderiam ser aumentados, sem que isso impedisse que a taxa de lucro abaixasse. Com os mesmos números do exemplo anterior:

c = 50, v = 100, mv = 100    l = 100 / 150 = 67%
c = 100, v = 150, mv = 150   l = 150 / 250 = 60%

Ou seja, teria aumentado a massa de lucro, mas baixado a taxa de lucro, isto é, o lucro por unidade de capital investido. A massa absoluta de lucro pode aumentar então, e fazê-lo de forma progressiva, apesar da baixa também progressiva da taxa de lucro. Este não só pode ser o caso, como "tem de ocorrer necessariamente assim – abstraindo de flutuações transitórias – sobre a base da produção capitalista"[9]. Isso não impede que o rendimento do capital investido (o objetivo do capitalista) seja cada vez menor.

Como o aumento do capital constante – o aumento da produtividade do trabalho – é o único meio de que cada capitalista dispõe para aumentar seus lucros e vencer a concorrência contra outros capitalistas (antes de ser vencido por eles), o interesse de cada capitalista encontra-se em contradição com o interesse do capital em seu conjunto, pois o aumento do lucro individual provoca uma queda do lucro do conjunto do capital.

Ao incrementar a produtividade do trabalho, o capitalista, ainda que não o saiba, se beneficia, como vimos, com um aumento do mais-valor relativo. Mas para isso, deve aumentar o capital constante em relação ao variável. Disso decorre a lei que acabamos de ver:

> a taxa de lucro está em proporção inversa ao incremento do mais-valor relativo ou do mais-trabalho relativo, ao desenvolvimento das forças produtivas, e ao mesmo tempo à magnitude do capital empregado na produção como capital

---

[9] Ibidem, p. 255.

constante. [...] quanto mais cresce o mais-valor relativo – a força criadora do valor, própria do capital – tanto mais cairá a taxa de lucro.[10]

Assim, o deus do capital tende a autodestruir-se: o lucro tende a zero, o capital tende a abolir a si próprio. Trata-se aqui da

> lei mais importante (da economia). Fica claro, dessa forma, que a força produtiva material já disponível, já elaborada, existente sob a forma de capital fixo, tal como a ciência, a população, etc., em suma, todas as condições para a reprodução da riqueza, ou seja, o rico desenvolvimento do indivíduo social, que o progresso das forças produtivas motivado pelo capital em seu desenvolvimento histórico, uma vez que chega em certo ponto, anula a autovalorização do capital em vez de impulsioná-la.[11]

No Livro III de *O capital*, Marx tratou da "lei da queda tendencial da taxa de lucro", que determina o *limite* da acumulação capitalista. A tendência decrescente da taxa de lucro "promove a superprodução, a especulação, as crises e o capital supérfluo, além da população supérflua"[12], e revela que o capitalismo mostra "de maneira puramente econômica, isto é, do ponto de vista burguês, dentro dos limites do entendimento capitalista, do ponto de vista da própria produção capitalista, sua limitação, sua relatividade, o fato de não ser um modo de produção absoluto, mas apenas um

---

[10] Idem, *Contribuição à crítica da economia política* (2. ed., trad. Florestan Fernandes, São Paulo, Expressão Popular, 2008), p. 73.

[11] Ibidem, p. 126.

[12] Idem, *O capital*, Livro III, cit., p. 282.

modo de produção histórico, correspondente a certa época de desenvolvimento"[13].

O aumento da *composição orgânica do capital* no processo de acumulação capitalista é reflexo do aumento da produtividade. Ele deriva da diferença do crescimento de c (capital constante) em relação a v (capital variável) e significa que a mesma quantidade de trabalhadores põe em marcha um maior volume de *meios de produção*. Ou, o que é equivalente, que existe uma redução do número de trabalhadores em relação aos *meios de produção* sobre os quais eles atuam. A chave para o entendimento do fenômeno da *lei da tendência declinante da taxa de lucro* tem, no aumento da *composição orgânica do capital* – tendência dominante no desenvolvimento capitalista –, seu elemento crucial.

Marx, como vimos anteriormente, classificou a *tendência à queda da taxa de lucro* como a lei fundamental para o entendimento crítico do capitalismo. A contradição se deve ao fato de que cada capitalista, agindo individualmente, na busca de maximizar seu lucro próprio, aciona uma série de mecanismos que levam à queda tendencial da *taxa média de lucro*. Se o funcionamento normal do sistema capitalista acarreta o declínio da *taxa de lucro*, dá-se que, no próprio processo de acumulação capitalista, engendram-se as limitações do modo de produção; simultaneamente ao desenvolvimento das forças produtivas capitalistas, gesta-se o primordial componente de sua extinção.

A inovação no processo produtivo é buscada pelo capitalista individual uma vez que, no contexto de competição intercapitalista, o aumento da produtividade do trabalho – e o consequente barateamento das mercadorias – assegura

---

[13] Ibidem, p. 299.

não só uma renda extraordinária como também maior espaço no mercado ao capitalista que introduziu o novo maquinário. O aumento da *composição orgânica do capital* individual, que depois se converte em aumento da *composição orgânica do capital* como um todo no processo produtivo social, é o resultado esperado da busca de maximização da *taxa de lucro* individual pelo capitalista. O aumento da *composição orgânica do capital* significa o aumento do *capital constante* em relação à *força de trabalho* no processo produtivo. Daí é fácil inferir que o denominador da taxa de lucro aumente mais rapidamente do que o seu numerador, a massa de mais-valor.

Ou seja, considerando-se a *taxa de lucro* como a relação da massa de mais-valor com o capital global adiantado pelo capitalista, observa-se que esta cai à medida que o *capital constante* é utilizado de maneira mais intensiva que o *capital variável* no processo produtivo: da motivação do capitalista individual para abocanhar uma porção maior do excedente econômico geral resulta o uso mais intensivo de maquinário. Isso se reflete no aumento da *composição orgânica do capital* socialmente considerado e, consequentemente, na queda geral da *taxa de lucro*.

Aqui se constata a contradição básica do modo de produção capitalista: pela motivação individual de cada capitalista, aciona-se um mecanismo que atinge o objetivo primordial do modo de produção, sabotando a valorização crescente e contínua do capital. No interior desse modo de produção, inocula-se aquilo que é a sua negação, sua própria restrição, pois a queda da taxa de lucro é equivalente à queda da rentabilidade do capital, que mina as bases da acumulação capitalista: "Com a queda progressiva do capital variável em relação ao capital constante, a produção capitalista gera uma composição orgânica cada vez mais alta do capital total, que tem como consequência imediata o fato de que a taxa do mais-valor, mantendo-se constante e inclusive aumentando o grau de exploração do trabalho, se expressa numa taxa geral de lucro sempre decrescente"[14].

Ao incrementar a produtividade do trabalho, o capitalista individual se beneficia com um aumento do mais-valor relativo, mas o capital social (o conjunto dos capitais) se ressente da queda da taxa de lucro. Para chegar a esse resultado, o capitalista individual aumenta o capital constante em relação ao capital variável, sendo que a taxa de lucro está em proporção inversa ao aumento do mais-valor relativo ou do sobretrabalho relativo, ao desenvolvimento das forças produtivas e, ao mesmo tempo, à magnitude do capital empregado na produção como capital constante. Quanto mais cresce o mais-valor relativo, tanto mais cairá a taxa de lucro.

Assim, o resultado objetivo de todas as ações dos capitalistas visando aumentar a quantidade de mais-valor e superar seus concorrentes é *reduzir a taxa geral (média) de lucro*:

> Ele pode fazer isso porque a média do tempo de trabalho socialmente requerido para a produção dessas mercadorias é maior que o tempo de trabalho requerido com o novo método de produção. Nenhum capitalista emprega voluntariamente um novo método de produção, por mais produtivo que possa ser ou por mais que possa aumentar a taxa de mais-valor, quando esse novo método faz diminuir a taxa de lucro. Mas qualquer um desses novos métodos de produção barateia as mercadorias. Por isso, o capitalista as vende originalmente

---

[14] Ibidem, p. 250.

acima de seu preço de produção e, talvez, acima de seu valor. Ele embolsa a diferença existente entre os custos de produção e o preço de mercado das mercadorias restantes, produzidas com custos mais elevados. Ele pode fazer isso porque a média do tempo de trabalho socialmente requerido para a produção dessas mercadorias é maior que o tempo de trabalho requerido com o novo método de produção. Seu procedimento de produção se encontra acima da média do procedimento social, mas a concorrência o generaliza e o submete à lei geral. Tem-se, então, a queda da taxa de lucro – começando talvez por essa mesma esfera da produção e logo nivelando-se com as outras –, que é, portanto, total e absolutamente independente da vontade do capitalista.[15]

Em resumo, a maior produtividade do trabalho, que reflete o crescente poder do trabalho social sobre a natureza, toma a forma, no interior das relações de produção capitalistas, de uma crescente composição orgânica do capital e, por isso, de uma taxa de lucro decrescente. É esse processo que subjaz às crises econômicas: "A crescente inadequação do desenvolvimento produtivo da sociedade às suas relações de produção anteriores manifesta-se em contradições agudas, crises, convulsões"[16].

O móvel do capital tende, desse modo, a sua autodestruição: o lucro tende a zero, o capital tende a abolir a si mesmo.

À medida que a grande indústria se desenvolve, a criação da riqueza efetiva passa a depender menos do tempo de trabalho e do quantum de trabalho empregado que do poder dos agentes postos em movimento durante o tempo de trabalho,

---

[15] Ibidem, p. 304.
[16] Idem, *Grundrisse*, cit., p. 627.

poder que – sua poderosa efetividade –, por sua vez, não tem nenhuma relação com o tempo de trabalho imediato que custa sua produção, mas que depende, ao contrário, do nível geral da ciência e do progresso da tecnologia, ou da aplicação dessa ciência à produção.[17]

## Causas compensadoras da lei

Como todas as leis do capitalismo, essa que acabamos de expor não se cumpre de modo absoluto, mas sim "tendencialmente", como todas as leis econômicas.

Teoricamente [...] parte-se do pressuposto de que as leis do modo de produção capitalista se desenvolvam em sua pureza, mas na realidade as coisas se dão sempre de modo aproximado. A aproximação, porém, será tanto maior quanto mais desenvolvido se encontrar o modo de produção capitalista e quanto mais se tiver eliminado sua impureza, separando-o dos restos de realidades econômicas anteriores.[18]

Por esse e por outros motivos, Marx enumerou uma série de causas que contrabalançam ou se contrapõem à lei principal:

1. Aumento do grau de exploração do trabalho: Em nosso caso, isso ocorreria se passássemos da primeira situação ($c = 50$, $v = 100$, $mv = 100$, $1 = 67\%$) para outra na qual: $c = 100$, $v = 100$, $mv = 150$, e, portanto, $1 = 75\%$. Aumentou o capital constante; no entanto, o mais-valor

---

[17] Ibidem, p. 587-8.
[18] Idem, *O capital*, Livro III, cit., p. 209.

aumentou em uma proporção tal que compensou o aumento de capital constante e, mais ainda, a taxa de lucro cresceu.

Mas sabemos que o aumento do mais-valor tem um limite (o da própria jornada de trabalho, uma parte da qual será consagrada à reprodução do operário) e, além disso, "considerando que as mesmas causas que elevam a taxa do mais-valor (o prolongamento do tempo de trabalho é um resultado da grande indústria) tendem a diminuir a força de trabalho empregada por dado capital, essas mesmas causas tendem a diminuir a taxa de lucro e a frear o movimento dessa diminuição"[19].

2. REDUÇÃO DO SALÁRIO ABAIXO DO SEU VALOR: Ocorre da mesma forma que a causa anterior, também com limites precisos. Os operários não podem morrer de fome, e se organizam para que o capital não os condene a tal sorte.

3. O BARATEAMENTO DOS ELEMENTOS DO CAPITAL CONSTANTE: Ainda que o capital constante aumente em volume, pode ser que seu valor mantenha-se constante, e que sua proporção em relação ao capital variável também se mantenha constante (por exemplo, quando um ramo produtivo de um país-metrópole começa a importar matéria-prima mais barata de país atrasado ou colonial).

4. SUPERPOPULAÇÃO RELATIVA: Permite abrir novos ramos produtivos com menor composição orgânica do capital[20], ou seja, com maior proporção de capital variável do que constante, o que eleva a taxa média de lucro em todos os ramos.

---

[19] Ibidem, p. 273.
[20] Ver o capítulo VI deste volume.

5. Comércio exterior: O comércio entre países industriais, sobretudo entre estes e as colônias e semicolônias, tende a baratear tanto o capital constante (por exemplo, as matérias-primas) como o capital variável (os alimentos dos operários). Nessa medida, diminui o valor do capital constante e aumenta a taxa de mais-valor.

O conjunto das causas enumeradas tem limites precisos e opera como um desafio para a acumulação e expansão do capital. Quanto mais essas causas atuam, porém, tanto a própria lei da queda tendencial da taxa de lucro tende a atuar mais vigorosamente, e melhor atua como uma tendência que não tem outro limite além da própria abolição do capital.

## As crises capitalistas

Foi a partir da definição mais geral da produção capitalista como produção de valor que Marx determinou o caráter orgânico das crises capitalistas. As crises "são sempre apenas violentas soluções momentâneas das contradições existentes, erupções violentas que restabelecem por um momento o equilíbrio perturbado"[21].

> O que ocorre é que se produzem periodicamente meios de trabalho e meios de subsistência numa quantidade excessiva para ser empregados como meios de exploração dos trabalhadores a uma taxa de lucro determinada. Produzem-se demasiadas mercadorias para realizar o valor e o mais-valor nelas contidos sob as condições de distribuição e consumo

---

[21] Karl Marx, *O capital*, Livro III, cit., p. 288.

dadas pela produção capitalista e reconvertê-los em novo capital, isto é, para efetuar esse processo sem explosões sempre recorrentes. Não é que se produza demasiada riqueza. O que ocorre é que se produz periodicamente demasiada riqueza sob suas formas capitalistas antagônicas.[22]

A tese de Marx completa o desvendamento do funcionamento e caducidade do modo de produção capitalista.

As leis do capitalismo fazem com que seus meios (a perseguição do lucro) se tornem contraditórios em relação a seu fim (a manutenção da taxa de lucro). Na lei que acabamos de expor, expressa-se a contradição da forma mais simples da riqueza capitalista (a mercadoria, valor de uso e valor), pois criando a riqueza material (valores de uso), o capital vai minando as condições de criação da riqueza social (os valores, cuja fonte é o trabalho vivo, que é uma proporção cada vez menor do capital).

Essa contradição se desenvolve gradualmente em uma tendência para o colapso, que vai se realizando por meio das crises periódicas cada vez mais profundas do capitalismo. Essas crises expressam os limites do capitalismo. Primeiro, no fato de que o desenvolvimento da força produtiva do trabalho produz, na baixa da taxa de lucro, uma lei que se opõe a esse desenvolvimento e provoca necessariamente crises. Segundo, no fato de que o elemento decisivo, para a expansão ou redução da produção, não é a relação entre a produção e as necessidades sociais, mas a apropriação do trabalho não pago e a relação entre esse trabalho não pago e o trabalho materializado. Ou, para empregar a linguagem capitalista, o lucro e a relação entre esse lucro e o capital

---

[22] Ibidem, p. 297.

empregado. A produção encontra limites, enquanto desse outro ponto de vista ela pareceria insuficiente. Detém-se não no ponto que fixa a satisfação das necessidades, e sim a produção e a realização do lucro.

Enquanto para a grande maioria da sociedade produz-se uma brusca queda do poder aquisitivo, que joga na miséria milhões de pessoas, para os capitalistas o problema consiste em ter produzido mercadorias demais, que não podem ser vendidas, impossibilitando um lucro razoável.

O excesso de riqueza para os capitalistas – o excesso de capitais que podem operar sob certa taxa de lucro – expressa-se para os operários como um excesso de pobreza que os impede de participar da riqueza. São as crises de superprodução, que manifestam a existência de um capital excedente para uma tendência decrescente da taxa de lucro. As crises são o modo convulsivo no qual o capital tenta colocar um freio a essa tendência e reconstituir uma situação de equilíbrio (uma taxa de lucro "aceitável", que permita a reprodução ampliada e a acumulação de capital).

Depreciado o capital, liquidada uma parte deste sob a forma de mercadorias invendáveis (máquinas ou artigos de consumo), que se estragam ou que são desprezadas, é possível encontrar uma nova relação entre o capital constante e o variável e reconstituir a taxa de lucro. O processo recomeça, mas para dar lugar mais adiante a uma crise ainda mais profunda, pela maior magnitude (em volume e valor) do capital existente.

> A desvalorização periódica do capital existente, que é um meio imanente ao modo de produção capitalista para conter a queda da taxa de lucro e acelerar a acumulação do valor de capital mediante a formação de capital novo, perturba as condições dadas nas quais se consuma o processo de circulação e

reprodução do capital e é, por isso, acompanhada de paralisações súbitas e crises do processo de produção.[23]

As crises periódicas são regra, não exceção, na dinâmica do capitalismo: não são acidente, mas elemento determinante; são inerentes ao próprio funcionamento do sistema, pois é no processo de acumulação de capital que reside a contradição crucial que as suscita. No processo da crescente substituição da força de trabalho por meios de produção – ou, em outras palavras, o aumento da importância relativa de c em detrimento de v no capital global –, a única fonte criadora de valor, o trabalho vivo, é preterida em favor do maquinário, o que leva à compressão da taxa de lucro. Esse fenômeno se apresenta em forma de tendência.

As crises, inevitáveis e incontornáveis, constituem um limite à expansão da acumulação, o ponto em que essa expansão não se dá mais de forma lucrativa, ou tão lucrativa quanto antes. É a contradição entre a expansão da produção e a criação de valor, ou seja, a contradição do próprio movimento do capital, que se expressa na impossibilidade do mercado de assimilar a produção excedente.

A periodicidade das crises, por sua vez, é determinada pelo movimento de rotação do capital, cada vez mais intenso conforme as necessidades do ritmo da acumulação. A crise desnuda a discrepância entre a produção material e a produção de valor: sua proximidade se anuncia com uma debilidade na taxa de acumulação, uma superprodução de mercadorias e um aumento de desemprego. Assim, o caminho para sair da depressão consiste em fechar a brecha entre expansão e rentabilidade, por meio de novos investimentos e da "normalização" dos mercados de bens e mercadorias.

---

[23] Ibidem, p. 289.

A crise não "começa" em toda a economia capitalista de modo concomitante ou simultâneo. Começa em indústrias específicas, por mais que seja causada pela situação global. Como a crise, também a ascensão começa em indústrias específicas e afeta cumulativamente o total da economia. Como a acumulação de capital é a reprodução ampliada dos meios de produção, a ascensão e a queda, mesmo que gerais, são observáveis primeiro e antes de tudo na manufatura de bens de produção.

Afirmar que as crises capitalistas se produzem pela superprodução de mercadorias em relação à demanda solvente dos trabalhadores nos levaria logicamente a concluir que o estado normal do capitalismo seria de crise permanente. As crises se produzem, na verdade, não porque haja meios de consumo demais no mercado capitalista, mas porque o mais-valor se produz sob condições de rentabilidade que não justificam a continuidade de sua produção.

O que a crise expressa?

> A partir de certo momento o desenvolvimento das forças produtivas torna-se um obstáculo para o capital; portanto a relação do capital torna-se uma barreira para o desenvolvimento das forças produtivas do trabalho. [...] Em agudas contrações, crises, convulsões, expressa-se a crescente inadequação do desenvolvimento produtivo da sociedade a suas relações de produção até hoje vigentes. A violenta aniquilação do capital, não por circunstâncias alheias a ele mesmo, mas como condição de sua autoconservação, é a forma mais contundente na qual dá-se-lhe o conselho de que se vá embora e dê lugar para um estágio superior de produção social.[24]

---

[24] Idem, *Contribuição à crítica da economia política*, cit., p. 113.

# IX
# O imperialismo

## A época dos monopólios e dos impérios

A primeira metade do século XIX caracterizou-se pelo capitalismo liberal e pela liberdade de comércio internacional. A Inglaterra defendia a liberdade de vender seus produtos em qualquer país, sem barreiras alfandegárias, bem como o livre acesso (exclusivo) às fontes de matérias-primas. A partir de meados do século XIX, o desenvolvimento científico e tecnológico levou ao surgimento de novos métodos de obtenção do aço, além de novas fontes de energia, como o gás e a eletricidade – que substituíram gradativamente o vapor –, e do aperfeiçoamento dos meios de transporte. Desenvolveram-se as indústrias siderúrgicas, metalúrgicas e petrolíferas, o setor ferroviário e o de comunicação. O aumento da mecanização e da divisão do trabalho nas fábricas permitiu a produção em massa, que reduzia os custos por unidade e incentivava o consumo.

Devido à concentração de capital, o capitalismo experimentou um notável aumento de sua capacidade de produção, resultante das novas tecnologias desenvolvidas a partir de novas fontes de energia como o petróleo e a eletricidade. Os países industrializados alargavam o mercado interno e conquistavam novos mercados externos. A riqueza acumulava-se nas mãos da burguesia industrial, comercial e financeira desses países, enquanto os trabalhadores continuavam submetidos a baixos salários. Os avanços técnico-científicos exigiam aplicação de capitais em larga escala, produzindo modificações na organização e na administração das empresas. As pequenas e médias firmas de tipo individual e familiar cederam lugar a grandes complexos industriais. Multiplicaram-se as empresas de capital aberto, as "sociedades anônimas" de capital dividido entre milhares de acionistas, o que permitia associações e fusões entre empresas. Nos bancos, o processo era semelhante: um pequeno número deles foi substituindo o antes grande número de pequenas casas bancárias.

Paralelamente, ocorria também uma aproximação das indústrias com os bancos, pela necessidade de créditos para investimentos e pela transformação das empresas em sociedades anônimas, cujas ações eram negociadas pelos bancos. O capital industrial, associado ao capital bancário, transformou-se em capital financeiro, controlado por poucas grandes organizações, que, gradualmente, passou a controlar a vida econômica da maioria dos países.

A fase que teve início em meados do século XIX testemunhou a unificação econômica e logística do mundo por meio de um sistema interconectado de transportes. Ela foi acompanhada por um movimento de colonização, que se viu acentuado no último quarto do século: sua motivação ideológica, a ideia de resgatar para a "civilização" os povos "atrasados", tinha como pano de fundo ambições econômicas. Entre 1840 e 1914, 35 milhões de europeus deixaram o Velho Continente e se espalharam pelo mundo todo. Por volta de 1875, os continentes não europeus eram bem mais conhecidos que três décadas antes, devido à interligação proporcionada pelas novas vias de comunicação, que permitiram maior velocidade e regularidade de deslocamento de pessoas e mercadorias.

As estradas de ferro, a navegação a vapor e o telégrafo possibilitaram esse processo. Na periferia capitalista, o comboio ferroviário tornou-se o complemento da marinha mercante. Ele estabeleceu a ligação entre as áreas produtoras de produtos primários (por exemplo, carne do Uruguai e da Argentina e lã da Austrália) e os portos marítimos da Europa e do mundo industrializado, nos quais as poderosas marinhas europeias embarcavam esses produtos em troca de manufaturas industriais.

O aumento das ferrovias e o desenvolvimento da navegação constituíram os instrumentos do comércio marítimo internacional. O telégrafo revolucionou as comunicações, permitindo um fluxo de informações contínuo e eficiente entre as metrópoles e as colônias, auxiliando na vigilância e na administração dos postos comerciais. Essa apertada rede de comunicações introduziu relações diretas entre o mundo europeu e zonas remotas, tornando a interdependência da economia mundial um marco histórico. Surgiu um novo mundo econômico, constituído por um único complexo de interligações, que teve como consequência a rivalidade crescente entre os Estados europeus.

As movimentações isoladas de cada nação afetavam, direta ou indiretamente, outros países, e assim surgiram conflitos de interesses entre as grandes potências. A concorrência econômica acentuada antecedeu o novo imperialismo. As vantagens do imperialismo capitalista derivavam das próprias contradições do capitalismo metropolitano. Fazendo uso da rede de transportes e de comunicações, os países europeus transformaram zonas atrasadas e marginalizadas em extensões suas. A divisão do globo tinha sua motivação, em primeiro lugar, na procura de novos mercados. Com a depressão econômica, gerou-se a crença de que a superprodução poderia ser resolvida com um aumento das exportações. Sendo a necessidade de mercados comum aos vários Estados desenvolvidos, verificou-se uma "corrida" pelo controle dos territórios ultramarinos.

Com a obtenção de possessões coloniais, as potências metropolitanas garantiam o monopólio comercial para suas economias, impedindo a intromissão estrangeira (protecionismo colonial), marco de uma economia internacional baseada na concorrência econômica e comercial entre várias potências (Inglaterra, Alemanha, França, Estados Unidos, Japão e Rússia, na primeira linha). No último quarto do século XIX, tornou-se comum a ideia de que cada país desenvolvido deveria se transformar em uma potência mundial.

A competição entre capitais levou à concentração econômica, ao controle do mercado por poucas empresas e à sua expansão internacional. A totalidade do mercado mundial concretizou as leis de movimento do capital em sua máxima escala e em sua forma mais desenvolvida. O mercado mundial de capitais foi uma realidade de fins do século XIX. A inovação consistia na modalidade de seu funcionamento: a maior incidência dos investimentos diretos externos, por parte de um capital mais móvel, que determinava sua estruturação, caracterizada por um processo de centralização internacional estratégica, articulada e desarticulada em uma concatenação de unidades operativas descentralizadas em todo o planeta.

A concorrência entre capitalistas e as crises que ela provocou, arruinando muitos deles, levaram à formação de monopólios, que abarcaram, sob a direção de um só capitalista ou de um grupo deles, ramos inteiros da produção. O processo que consolidou determinadas nações (países da Europa, Estados Unidos) como potências industriais desenvolveu-se nas três últimas décadas do século XIX e na primeira do século XX. Por suas próprias leis, a livre concorrência transformou-se em seu contrário: o monopólio.

A monopolização do ramo bancário da economia capitalista possibilitou e acelerou esse processo, mediante uma política de depósitos e créditos que permitiu eliminar os competidores dos monopólios em formação. Surgia assim a forma predominante do capital na atualidade: o *capital financeiro*, resultado da fusão do capital bancário com o industrial. Por sua vez, "a 'união pessoal' dos bancos e indústrias completa-se com a 'união pessoal' destes com o governo"[1].

O monopólio penetrava assim em toda a vida econômica, social e política. O imperialismo capitalista, para Lênin, possuía outra significação histórica: "O que caracterizava o velho capitalismo, no qual dominava plenamente a livre concorrência, era a exportação de mercadorias. O que caracteriza o capitalismo moderno, no qual impera o monopólio, é a exportação de capital"[2]. O processo abriu as primeiras contradições financeiras e bancárias internacionais, marcando também o declínio do domínio inglês sobre a economia mundial.

A empresa clássica, de propriedade individual ou familiar, cedeu lugar à empresa multidivisional, que internalizou uma série de atividades antes regidas pelo mercado,

---

[1] Vladímir Ilitch Lênin, *Imperialismo, estágio superior do capitalismo* (Campinas, Navegando Publicações, 2011), p. 153.

[2] Ibidem, p. 180.

substituindo a "mão invisível" deste último pela mão visível do *staff* que comandava as grandes empresas múltiplas.

Essa mudança é devida ao desenvolvimento, ampliação e extensão das tendências mais profundas e essenciais do capitalismo e da produção mercantil em geral. As trocas comerciais crescem, a produção aumenta. Estas tendências marcantes foram observadas ao longo dos séculos no mundo todo. Ora, em certo nível do desenvolvimento das trocas, em certo grau de desenvolvimento da grande produção, atingido mais ou menos na virada para o século XX, o movimento comercial determinou uma internacionalização das relações econômicas e do capital; a grande produção adquiriu proporções tais que os monopólios substituíram a livre concorrência.[3]

A concorrência clássica foi substituída pela concorrência oligopolista, baseada na constante diferenciação de produtos. Outras novas características surgiram na era dos monopólios (que é ainda a nossa era):

1. A EXPORTAÇÃO DE CAPITAIS: Substitui relativamente a exportação de mercadorias, típica do período anterior. É uma saída necessária para a superprodução crônica de capitais, resultante da monopolização e da imensa acumulação nos principais ramos industriais nos países avançados. Ao investir nos países atrasados, o capital obtém uma maior taxa de lucro (elevando a taxa média de lucro mundial), devido sobretudo à menor composição orgânica do capital necessária nesses países. Esta, por sua vez, é possível devido ao baixo custo das matérias-primas e da mão de obra nessas localidades. Tudo isso significa que os países adiantados

---

[3] Ibidem, p. 175.

– convertidos em países imperialistas – descarregam suas crises econômicas sobre os atrasados, transformando-os em colônias econômicas.

2. A REPARTIÇÃO ECONÔMICA E POLÍTICA DO MUNDO: A sujeição colonial das últimas zonas não ocupadas (Ásia, África e Polinésia) pelas nações imperialistas culmina na repartição territorial do mundo. Começa a luta pela sua repartição entre as associações monopolistas, a procura de mercados e fontes de matérias-primas. As etapas de repartição "pacíficas são sucedidas pelo impasse de que nada resta para repartir: os monopólios e seus Estados procedem então a uma repartição pela força. As guerras mundiais interimperialistas são um componente orgânico do imperialismo"[4].

A síntese das características da era imperialista (exploração das nações atrasadas, tendência para as guerras mundiais e militarização dos países, aliança dos monopólios com o Estado, tendência geral à dominação e supressão da liberdade) permitiu definir o imperialismo como a *"época da reação em toda linha e da exacerbação da opressão nacional"*[5].

Com a formação de uniões monopolistas de capitalistas e o crescente monopólio mundial dos países ricos, nos quais a acumulação do capital alcançara proporções gigantescas, constituiu-se um enorme "excedente de capital" nos países avançados. O capitalismo gerou uma "poupança excedente" e as oportunidades de investimento ficaram mais raras nos países capitalistas metropolitanos, gerando três alternativas para superar a depressão dos negócios: 1) aumentar os salários reais para ampliar o mercado interno, fazendo cair

---

[4] Ibidem, p. 122.
[5] Ibidem, p. 174.

ainda mais a taxa de lucro; 2) manter os salários iguais e canalizar toda a acumulação para o progresso técnico, aumentando a parte constante do capital e 3) investir no exterior, onde a taxa de lucro do capital era maior.

A terceira alternativa era a "melhor" para os capitais excedentes: investir em espaços econômicos vazios, com mão de obra e matérias-primas baratas e em abundância apresentava vantagens. A tendência do movimento do capital foi definida pela diferença da taxa de lucro de região para região, de país para país. Até que, finalmente, a partilha econômica e política do mundo se completou, incluindo as últimas zonas não ocupadas. Começou então a luta pela sua redistribuição entre as associações monopolistas e seus Estados, na procura por novos mercados e fontes de matérias-primas.

Para que isso acontecesse, foi necessária uma fusão inédita entre o capital monopolista, o interesse privado e o Estado, suposto representante do interesse público, subordinando o segundo ao primeiro, e transformando a função do Estado. A "estatização da vida social", em que o Estado absorve novas funções disciplinadoras da sociedade, foi estudada por Nikolai Bukhárin em *A economia mundial e o imperialismo*. O fortalecimento do Estado era ditado pela nova fase mundial do desenvolvimento do capital: "As etapas de repartição pacíficas são sucedidas pelo impasse em que nada resta para distribuir. Os monopólios e seus Estados procedem então a uma repartição pela força. As guerras mundiais interimperialistas se transformam em uma componente orgânica do imperialismo"[6].

---

[6] Nikolai Bukhárin, *A economia mundial e o imperialismo: esboço econômico* (trad. Raul de Carvalho, São Paulo, Nova Cultural, 1986), p. 89.

O recurso às guerras, regionais ou internacionais, era ditado pela magnitude dos interesses econômicos em jogo. O novo capital financeiro estendia suas redes em todos os países do mundo, desempenhando um papel importante os bancos, bem como suas filiais coloniais. A Inglaterra tinha em 1904 um total de 50 bancos coloniais com 2.279 filiais (em 1910, eram 72 bancos com 5.449 filiais); a França tinha 20 bancos com 136 filiais; a Holanda possuía 16 bancos com 68 filiais e a Alemanha tinha 13 bancos com 70 filiais.

A exportação de capitais substituiu relativamente a exportação de mercadorias como saída para a sobreprodução de capitais, resultante da sobreacumulação de capital nos principais ramos industriais. Ao investir nos países periféricos, o capital obtinha taxas de lucro superiores, elevando a taxa de lucro geral devido à menor composição orgânica do capital nesses países, devida, por sua vez, ao menor custo das matérias-primas e da mão de obra, entre outras vantagens.

Os países centrais passaram a descarregar sua crise de sobreprodução nos países atrasados, transformando-os crescentemente em colônias econômicas, inclusive quando a independência política destes países foi preservada. A partilha econômica e política do mundo se completou, incluindo as últimas zonas não ocupadas. O "neocolonialismo" não era, como o colonialismo mercantilista, uma alavanca da acumulação originária de capital, mas o instrumento anticrise de um capitalismo monopólico.

## Lugar histórico e crítica do imperialismo

Na etapa imperialista, o capitalismo chega a sua fase de plena maturidade: o enorme desenvolvimento das forças produtivas, a concentração da produção e a acumulação do capital socializaram ramos inteiros da economia. Essa elevada socialização da produção entra cada vez mais em contradição com o modo de apropriação, a propriedade privada concentrada nas mãos de um pequeno número de capitalistas. Trata-se de uma face qualitativamente diversa do capitalismo, seu estágio final, que marca sua transição para um novo regime social.

Porém, como qualquer organismo vivo, o capitalismo que chegou a sua plena maturidade só pode começar a apodrecer. O imperialismo caracteriza-se pelo desenvolvimento de todas as tendências parasitárias do capitalismo que o conduzem para a sua agonia e sua morte. Enumeremos só as principais:

1. Dentro da classe capitalista predomina a figura do rentista, o capitalista desvinculado da produção, que se limita a cobrar os dividendos produzidos por suas empresas. Põe-se em evidência o caráter totalmente supérfluo da função cumprida pelo capitalista, cujas antigas funções são cumpridas por empregados assalariados.

2. O capital financeiro comporta-se como um usureiro mundial, mantendo amarradas as nações atrasadas por meio de um impressionante sistema de dívidas. Os créditos imperialistas (dos bancos ou de organismos internacionais, como o Fundo Monetário Internacional) vão em geral "amarrados" a compromissos de compra com os mesmos

monopólios que emprestam, de forma que estes últimos embolsam um lucro duplo: os juros do empréstimo e o lucro da venda. Em sua etapa senil, o capital parece voltar-se a suas etapas infantis como o capital usurário, sua forma mais parasitária e improdutiva.

3. A substituição da concorrência pelo monopólio traz também a possibilidade de fixar preços sem temor de ser molestado por um competidor, fazendo desaparecer, até certo ponto, as causas do progresso técnico (o barateamento das mercadorias). Isso pode ser verificado na enorme quantidade de invenções patenteadas com o exclusivo fim de impedir sua utilização, que desvalorizaria abruptamente os capitais dos monopólios existentes: o desenvolvimento em escala industrial de novas fontes de energia, o automóvel e o transporte urbano elétrico em grande escala etc. são tecnicamente possíveis, mas impedidos pelos interesses dos grandes monopólios petroleiros, por exemplo.

4. Nunca o fundo de conhecimentos científicos e técnicos da humanidade foi tão amplo, e nunca a porcentagem de sua aplicação à produção foi tão pequena. O único ramo da produção onde os progressos científicos são aplicados em grande escala é o setor armamentista. Os progressos da microcomputação que estão ao nosso alcance são apenas uma infinitésima e tardia porcentagem da aplicação do sistema de computadores à chamada "corrida armamentista". Nos países imperialistas, a investigação científica está subordinada quase totalmente à área militar, cujo orçamento é uma porcentagem cada vez maior do orçamento nacional.

É sabido que as potências imperialistas se vangloriam de poder destruir "várias vezes" seus inimigos com o seu atual poder de fogo. Isso significa que o atual armamentismo não é um simples desenvolvimento da técnica militar, mas a valorização de um ramo da produção que é um verdadeiro esgoto do crônico excesso de capitais. A demanda desse ramo parasitário é sustentada pelo Estado, mas seu incremento sistemático estipula a passagem de uma economia armamentista a uma economia de guerra, na qual se poderá exercer plenamente a função econômica das armas: a destruição das forças produtivas que, no caso de uma guerra termonuclear, pode significar a destruição total da sociedade humana.

5. O desemprego crônico e a pobreza nos países atrasados abarca, segundo as próprias estatísticas oficiais, quase a quarta parte da população humana, que recebe salários que se situam abaixo do nível de mera reprodução da força de trabalho. Daí a miséria crônica a que o imperialismo submete os países atrasados.

6. O desenvolvimento anárquico da produção capitalista – saque de recursos naturais, concorrência anti-imperialista pela energia nuclear – acarreta uma tendência à destruição do meio ambiente natural mais acentuada do que nunca. O capitalismo tende a destruir tanto o pai da riqueza material – o trabalho – como sua mãe – a Terra.

Na era imperialista, as relações entre capital e trabalho sofreram mudanças nas metrópoles. Foi durante a "grande depressão econômica" de finais do século XIX, berço da expansão imperialista do capital monopolista, que

desenvolveu sua atividade Frederick Winslow Taylor (1856-
-1915). A "gerência científica do trabalho" por ele desenvolvida resultou de suas observações nas minas de carvão nos Estados Unidos. O capital se defrontava com os limites derivados de sua dependência do trabalho vivo. Taylor buscou a dissociação entre os processos de trabalho e as habilidades do trabalhador, separando a concepção do trabalho de sua execução.

Mediante a descrição, análise e controle dos movimentos dos trabalhadores, Taylor buscou objetivar os fatores ainda subjetivos do trabalho: estudou lógicas de especialização e de segmentação da produção para alcançar maior produtividade e, com isso, aumentar os lucros. Na Bethlehem Steel, onde trabalhava, a produtividade aumentou quatro vezes, mas os salários só aumentaram de $1,15 para $1,85 por dia. A segmentação retirava poder dos trabalhadores qualificados, aumentava o número dos não qualificados e criava a figura do supervisor do andamento da produção.

O "método Taylor" permitia pagar melhor aos trabalhadores, estabelecer menores jornadas de trabalho, maiores tempos de descanso e condições de trabalho que evitassem greves e perturbação da máquina produtora de capital. O método pretendia harmonizar os interesses dos capitalistas com os dos trabalhadores por meio de maior racionalização do processo produtivo. A limitação das tarefas a atos repetitivos deveriam tornar os trabalhadores meras ferramentas, sem compreensão do processo produtivo, estendendo e reforçando, portanto, o papel das hierarquias dentro da empresa. Taylor afirmou que seu método "tornava qualquer tipo de problema trabalhista ou greve impossíveis".

Henry Ford, em 1913, inaugurou a produção em massa de um mesmo produto, que o tornaria uma mercadoria com um baixo preço relativo, sobretudo se associada à "racionalização" do trabalho defendida por Taylor. Este último propunha alterações na produção, e Ford avançava com condições para o alargamento do mercado, para o aumento do consumo: dezenas de milhares de trabalhadores das suas fábricas, beneficiários de melhores salários, se tornariam consumidores dos próprios produtos. O fordismo, o uso pioneiro das linhas de montagem na indústria automobilística dos Estados Unidos, nasceu na esteira do taylorismo, que buscava administrar e simplificar a execução de cada trabalho individual. Henry Ford realizou esse objetivo de forma coletiva e social ao submeter todas as etapas do trabalho ao ritmo da esteira.

No comentário de Lênin,

> que enorme ganho de produtividade! Mas o salário do trabalhador não se multiplicou por quatro, no máximo duplicou e somente por um curto período de tempo. Assim que os trabalhadores se acostumarem com o novo sistema, seu salário é reduzido ao nível anterior. O capitalista obtém um enorme lucro, mas os trabalhadores trabalham quatro vezes mais do que antes e desgastam seus nervos e músculos quatro vezes mais rápido que antes.[7]

Lênin concluía que a racionalização do trabalho nas fábricas era contraditória com a anarquia da produção no regime de produção capitalista.

O imperialismo capitalista completou a unificação do mundo sob a égide do capital financeiro graças aos novos meios técnicos: as novas tecnologias permitiram mudanças

---

[7] Vladímir Ilitch Lênin, "The Taylor System: Man's Enslavement by the Machine", em *Collected Works*, v. 20 (Moscou, Progress Publishers, 1972), p. 152-4. Tradução nossa.

na estrutura do Estado e da dominação da classe operária. O imperialismo da segunda metade do século XIX, com a partilha africana e a definição de domínios coloniais na Ásia, foi possível graças aos novos meios de transporte e comunicação (ferrovias e telégrafo), que modificaram a estrutura das "redes" em todos os níveis, propiciando uma estrutura descentralizada de poder em diversas escalas, que passou a ser comum na articulação de organizações estatais e privadas.

Em síntese: trata-se da crise crônica do capitalismo, quando entra em contradição crônica o desenvolvimento das forças produtivas da humanidade (o homem social) com as relações de produção imperantes (a propriedade burguesa e os Estados nacionais que lhe correspondem). A tendência a destruir as forças produtivas da humanidade vai se impondo relativamente sobre a tendência a desenvolvê-las. Tal tendência destrutiva desenvolve-se à custa da tendência ao progresso econômico e social. Nos momentos de crises e guerras mundiais, essa tendência se impõe de modo absoluto, destruindo amplamente as forças produtivas.

## O imperialismo e os países capitalistas atrasados

O imperialismo realiza a unificação da economia mundial sob a égide do capital financeiro. Mediante a exportação de capitais, incorpora os países atrasados à órbita do capitalismo mundial. Desse modo, elimina a distinção entre países maduros e imaturos para o socialismo, pois unifica os destinos de todos os países no processo da revolução proletária (socialista) mundial.

Nas economias atrasadas, a penetração imperialista determina seu caráter *combinado*, fazendo coexistir a última palavra da ciência e da técnica com formas pré-capitalistas de exploração do trabalho. A coexistência do atraso e do avanço permite ao imperialismo embolsar um superlucro, pois os preços do mercado são fixados pelos setores que produzem mais caro (senão não produziriam), enquanto os custos de produção dos monopólios são imensamente mais baratos. A essência da exploração capitalista imperialista consiste nessa diferença de nível no desenvolvimento das forças produtivas entre países adiantados e atrasados, o que permite àqueles apropriar-se de uma quantidade maior do mais-valor monopolizado.

A exploração dos operários e camponeses do país oprimido culmina na transferência de uma parte do mais-valor produzido para a metrópole imperialista. Para perpetuar e aprofundar essa exploração econômica intervém o Estado imperialista, procurando subjugar os países atrasados, transformando-os em colônias ou Estados que gozam de uma independência política formal, mas que se encontram envolvidos na rede da dependência financeira e diplomático--militar do imperialismo. Esses Estados não são mera expressão da burguesia nativa, mas estão submetidos à pressão determinante dos Estados imperialistas.

A penetração imperialista dissolve as velhas formas de produção e acelera o desenvolvimento capitalista nos países atrasados. Mas trata-se de um capitalismo já monopolizado, que não conhece a etapa progressiva da livre concorrência (que, em seu momento, deu um impulso decisivo às forças produtivas dos países capitalistas avançados). Os países atrasados conhecem do capitalismo só as desvantagens de sua velhice, e não as virtudes de sua juventude. Nesses países, o capitalismo imperialista inverte o ciclo que o caracterizou em sua época juvenil, quando combatia a nobreza e os latifundiários, para aliar-se com as classes mais reacionárias da sociedade, com a finalidade de manter a opressão nacional.

Ainda assim, a penetração capitalista nesses países cria um poderoso e concentrado proletariado, cujo desenvolvimento não guarda correspondência com o raquitismo da burguesia nativa. Isso abre a possibilidade de que o proletariado a substitua na direção do país, convertendo-se na liderança das grandes maiorias nacionais (camponeses e população pobre das cidades). Nos países atrasados, a luta anti-imperialista é o canal da revolução democrática. Se esta conduziu ao poder da burguesia nos países adiantados, nos atrasados ela conduz ao poder político do proletariado.

É por isso que a única garantia de vitória definitiva nessa luta é a aliança das massas trabalhadoras nas colônias e semicolônias com o proletariado metropolitano contra seu inimigo comum – o capitalismo imperialista mundial – e pela República Mundial de Conselhos Operários, trânsito definitivo para a sociedade socialista.

### Globalização, imperialismo e socialismo

A internacionalização sem precedentes da produção foi uma consequência da exacerbada concentração de capital, própria da crise capitalista. O termo "globalização" é enganoso, pois supõe um capital que teria superado as barreiras nacionais e, sobretudo, a opressão nacional da maioria dos países, própria do imperialismo.

O que se verifica, ao contrário, é um aprofundamento dessa opressão, por meio da dívida externa, dos tratados e blocos econômicos que confiscam a independência nacional dos países atrasados, da pressão militar direta e da guerra, como no caso das guerras que sacodiram periodicamente o mundo no século XX. Atreladas ao dólar e às dívidas externas, diversas economias nacionais virtualmente desaparecem do mercado mundial, e submetem seus trabalhadores a níveis de exploração sem precedentes.

O paroxismo capitalista "global" produz, como nos estágios anteriores do capital, seu próprio coveiro. O nível atual de internacionalização das forças produtivas e de monopolização da produção, da distribuição e da circulação monetária e financeira, somados às inúmeras manifestações de crise mundial do capital (*cracs* bursáteis, crises das dívidas, inadimplências e falências de ramos inteiros da produção), não deixam aos trabalhadores alternativa senão encarar a reorganização da economia mundial sobre novas bases sociais, socialistas.

# X
# A extinção da lei do valor, o capitalismo e o socialismo

Marx não se limitou a analisar as leis que conduzem o capital à morte. Assinalou também como o desenvolvimento do capitalismo preparava as bases para a sociedade socialista: "se não encontrássemos veladas na sociedade, tal como ela é, as condições materiais de produção e as correspondentes relações de intercâmbio para uma sociedade sem classes, todas as tentativas para explodi-la seriam quixotadas"[1]. "O meio de trabalho continuamente tira da mão do trabalhador os meios de vida, [...] *o próprio produto do trabalhador se transforma numa ferramenta* para escravizar o trabalhador."[2]

Na produção capitalista, o tempo de trabalho (que, como sobretrabalho apropriado pelo capital, é a fonte única e exclusiva do mais-valor) deixa crescentemente de ser a medida do valor à medida que aumentam a produção (de qualquer tipo), o capital social total e a composição orgânica do capital.

---

[1] Karl Marx, *Grundrisse. Manuscritos econômicos de 1857-1858: esboços da crítica da economia política* (trad. Mario Duayer e Nélio Schneider, São Paulo/Rio de Janeiro, Boitempo/Ed. UFRJ, 2011), p. 107.

[2] Friedrich Engels, *Anti-Dühring: a revolução da ciência segundo o senhor Eugen Dühring* (trad. Nélio Schneider, São Paulo, Boitempo, 2015), p. 311.

Essa diminuição relativa crescente do capital variável em relação ao capital constante e, assim, ao capital total, é idêntica ao aumento progressivo da composição orgânica do capital social em sua média. E, do mesmo modo, não é mais que outro modo de expressar o desenvolvimento progressivo da força produtiva social do trabalho, que se revela precisamente no fato de que, graças ao emprego crescente de maquinaria e de capital fixo em geral, o mesmo número de trabalhadores transforma em produtos uma quantidade maior de matérias-primas e materiais auxiliares no mesmo tempo, ou seja, com menos trabalho.[3]

O aumento da concorrência, como resultado da tendência à queda da taxa de lucro, toma uma forma impiedosa e, em alguns negócios, os preços baixam forçosamente até um ponto ruinoso. Os valores do capital se depreciam rapidamente, perdem-se fortunas e as utilidades desaparecem. A demanda social decresce progressivamente à medida que aumenta o número de desempregados: o excesso de mercadorias é controlado unicamente pela queda ainda mais rápida da produção. A crise se estende a todas as esferas e ramos da produção. Sua forma geral revela a interdependência social do modo de produção capitalista, apesar das relações de propriedade privada que o dominam. Na base do processo, encontra-se a tendência fundamental da produção capitalista.

Qual foi o mérito do capitalismo, que o distinguiu como um regime progressivo em relação aos modos de produção anteriores? Na medida em que o objetivo da produção

---

[3] Karl Marx, *O capital: crítica da economia política*, Livro III: *o processo global da produção capitalista* (trad. Rubens Enderle, São Paulo, Boitempo, 2017), p. 250.

capitalista é a produção de valores – e não de valores de uso, vinculados à satisfação das necessidades imediatas –, isso o leva a dar um grande impulso à produtividade do trabalho. Esse impulso o obriga a criar um enorme trabalho excedente, do qual o capital se apropria sob a forma de mais-valor. "O grande papel histórico do capital", para Marx, é

> o de criar esse trabalho excedente, trabalho supérfluo do ponto de vista do simples valor de uso, da mera subsistência, e seu destino histórico está consumado tão logo, por um lado, as necessidades são desenvolvidas a tal ponto que o próprio trabalho excedente acima do necessário é necessidade universal derivada das próprias necessidades individuais; por outro, a laboriosidade universal mediante a estrita disciplina do capital, pela qual passaram sucessivas gerações, é desenvolvida como propriedade universal da nova geração.[4]

Um século e meio depois de essas linhas terem sido escritas, o trabalho excedente e a enorme produtividade do trabalho, alcançados sob o capitalismo, indicam que este já cumpriu largamente seu papel. A principal consequência disso é que se assentam as bases para a abolição das próprias premissas do capitalismo, começando pela lei do valor, o que já era visível na época de Marx.

> O roubo de tempo de trabalho alheio, sobre o qual a riqueza atual se baseia, aparece como fundamento miserável em comparação com esse novo fundamento desenvolvido, criado por meio da própria grande indústria. Tão logo o trabalho na sua forma imediata deixa de ser a grande fonte da riqueza, o tempo de trabalho deixa, e tem de deixar, de ser a sua medida

---

[4] Idem, *Grundrisse*, cit., p. 255.

e, em consequência, o valor de troca deixa de ser [a medida] do valor de uso.⁵

Atualmente, quando nas fábricas mais modernas chegou-se a automatizar complexos processos, que antes exigiam várias linhas de montagem, essa afirmação é cem vezes mais válida.

Marx analisou prospectivamente o desenvolvimento do capitalismo no capítulo de *O capital* dedicado à "tendência histórica da acumulação capitalista", em que novamente abordou a acumulação originária: "O modo de apropriação capitalista, que deriva do modo de produção capitalista, ou seja, a propriedade privada capitalista, é a primeira negação da propriedade privada individual, fundada no trabalho próprio. Todavia, a produção capitalista produz, com a mesma necessidade de um processo natural, sua própria negação. É a negação da negação"⁶.

Nenhum autor precedente expusera os limites da produção capitalista como algo que lhe fosse imanente e denunciasse sua transitoriedade.

> Ao se afirmar que os capitalistas têm apenas de intercambiar entre si suas mercadorias e consumi-las, esquece-se de todo o caráter da produção capitalista e também de que se trata da valorização do capital, não de seu consumo. Em suma, todas as objeções contra os fenômenos palpáveis da superprodução (fenômenos que não se preocupam com tais objeções) tendem a indicar que os limites da produção capitalista não são

---

⁵ Ibidem, p. 588.
⁶ Idem, *O capital: crítica da economia política*, Livro I: *O processo de produção do capital* (2. ed., trad. Rubens Enderle, São Paulo, Boitempo, 2017), p. 832.

limites da produção em geral e que, por isso, tampouco são limites desse modo específico de produção, o capitalista. Mas a contradição desse modo de produção capitalista consiste precisamente em sua tendência ao desenvolvimento absoluto das forças produtivas, em permanente conflito com as condições específicas de produção em que o capital se move e tem necessariamente de se mover.[7]

Produz-se, assim, uma tendência à extinção das bases do processo de valorização. Um modo de produção que chegou aos limites de sua função histórica tende a desenvolver prevalentemente suas tendências parasitárias. A autonegação do processo de valorização se expressa na tendência decrescente da taxa de lucro, que alimenta a sobreprodução, a especulação, as crises, a existência de capital excedente junto a uma população excedente.

A enorme proporção de capital constante em relação ao variável e a altíssima produtividade do trabalho tornam irrisória a medição do valor de acordo com o tempo de trabalho. Esse é o resultado da tendência própria do capitalismo a converter o homem em apêndice da máquina. Porém, ao assentar as bases para a abolição do valor, o capitalismo cria as premissas para destruir a contradição entre trabalho necessário e trabalho excedente (pois o necessário para produzir os meios de subsistência é uma fração ínfima da jornada de trabalho) e a divisão entre trabalho manual e intelectual, necessária durante uma etapa histórica inteira para desenvolver a produtividade do trabalho: "O *trabalho excedente da massa* deixa de ser condição para o desenvolvimento da riqueza geral, assim como o não *trabalho dos*

---

[7] Idem, *O capital*, Livro III, cit., p. 296-7.

*poucos* deixa de ser condição do desenvolvimento das forças gerais do cérebro humano"[8].

Em suma, o capitalismo criou as condições para emancipar a humanidade da tirania do tempo de trabalho, mas, enquanto subsistir, essa característica se manifesta como seu contrário.

> Sua tendência [do capitalismo] é sempre, por um lado, de criar tempo disponível, por outro lado, de convertê-lo em trabalho excedente. Quando tem muito êxito, o capital sofre de superprodução e, então, o trabalho necessário é interrompido porque não há trabalho excedente para ser valorizado pelo capital. Quanto mais se desenvolve essa contradição, tanto mais se evidencia que o crescimento das forças produtivas não pode ser confinado à apropriação do trabalho excedente alheio, mas que a própria massa de trabalhadores tem de se apropriar do seu trabalho excedente. Tendo-o feito – e com isso o tempo disponível deixa de ter uma existência contraditória –, então, por um lado, o tempo necessário de trabalho terá sua medida nas necessidades do indivíduo social, por outro, o desenvolvimento da força produtiva social crescerá com tanta rapidez que, embora a produção seja agora calculada com base na riqueza de todos, cresce o tempo disponível de todos.[9]

É a partir da definição geral da produção capitalista como produção de valor que Marx determinou as crises capitalistas como expressão da tendência histórica para a autodissolução do capital. À medida que se desenvolve a produção capitalista, e com ela a produtividade do trabalho, o valor mercantil da riqueza social tende a diminuir,

---

[8] Idem, *Grundrisse*, cit., p. 588.
[9] Ibidem, p. 590-1.

pois se reduz o tempo de trabalho socialmente necessário para produzir as mercadorias. Ao atingir certo ponto dessa tendência histórica descendente, o valor se transforma em uma base demasiadamente estreita para a riqueza social concreta, sua "miserável base burguesa", independente das necessidades elementares não satisfeitas da imensa maioria da sociedade. A tendência para a extinção da lei do valor era, para Marx, manifestação do caráter transitório do capitalismo.

> O próprio capital é a contradição em processo, [pelo fato] de que procura reduzir o tempo de trabalho a um mínimo, ao mesmo tempo que, por outro lado, põe o tempo de trabalho como única medida e fonte da riqueza. [...] As forças produtivas e as relações sociais – ambas aspectos diferentes do desenvolvimento do indivíduo social – aparecem somente como meios para o capital, e para ele são exclusivamente meios para poder produzir a partir de seu fundamento acanhado. De fato, porém, elas constituem as condições materiais para fazê-lo voar pelos ares.[10]

O capital, no entanto, transforma seu limite histórico em uma barreira a ser transposta. Ele tenta se contrapor à tendência para a extinção do valor como medida universal da riqueza social por meio da ampliação continuada de sua fronteira histórica, pela extensão das necessidades sociais, ou pela ampliação de seu campo espacial, criando uma massa de valor maior que, por sua vez, sofre uma interrupção cada vez mais violenta nas crises.

Mediante o crédito e a especulação, o capital busca a possibilidade ilusória de separar a criação da riqueza social

---

[10] Ibidem, p. 588-9.

do trabalho social, superando a barreira da lei do valor, só para finalmente descobrir a inutilidade desse propósito por meio de crises financeiras, que derrubam os valores criados de forma fictícia, sacudindo toda a economia capitalista. O desenvolvimento do armamentismo e de todas as formas improdutivas e parasitas da produção capitalista ilustra o caráter do incentivo às necessidades realizadas crescentemente pelo capital, sendo um índice de sua decomposição, do mesmo modo que a criação de produtos "novos" que perdem vigência (mercado) em um período curto de tempo.

O esforço do capital para ir além de seus limites resulta em uma ampliação de suas contradições. O desenvolvimento financeiro facilitou a passagem do capital de um ramo de produção expandido além de seus limites ou não rentável a outro em desenvolvimento, o que oferece maiores benefícios: mobiliza com maior rapidez esses capitais; ajuda a superar dentro de seus próprios limites a contradição entre a criação e a destruição de capitais; extingue os limites do consumo para além dos salários que paga à população trabalhadora; e desenvolve uma acumulação fictícia de capital que atua como crédito *sui generis* tanto para a produção como para o consumo.

O desenvolvimento do sistema de crédito e lucro a partir dos juros reproduz uma nova aristocracia financeira, uma nova espécie de parasitas, na figura de fundadores e diretores puramente nominais; um sistema completo de especulação e embuste no tocante à incorporação das sociedades, lançamento e comércio de ações. O sistema de crédito é o propulsor principal da superprodução e da especulação excessiva, acelerando o desenvolvimento material das forças produtivas e a formação do mercado mundial. Ao mesmo tempo, o crédito acelera as erupções violentas dessa contradição, as crises, levando a um sistema puro e gigantesco de especulação e jogo.

Esse desenvolvimento parasitário atua como fator contra a crise capitalista, até se transformar em fator de sua irrupção. Isto ocorre quando a sobreacumulação de capital que não assume uma forma produtiva direta, tendo se acumulado para contrabalançar os limites impostos pela sobreacumulação do capital produtivo, alcança proporções incompatíveis com o mais-valor total que este último pode arrancar da força de trabalho. O capital financeiro, em suas diversas formas, transforma-se em uma gigantesca hipoteca que impede a reprodução do capital em geral. Sua derrubada constitui, por isso mesmo, a etapa final da crise, assim como a condição destrutiva para iniciar uma nova etapa histórica.

O desenvolvimento da produtividade e da divisão do trabalho cria, simultaneamente, a premissa material da economia socialista e a base para a extinção da lei do valor, que rege o movimento da economia capitalista. O aprofundamento da contradição da mercadoria evidencia o distanciamento crescente entre a potencialidade de desenvolvimento da riqueza, que permitiria a melhoria das condições de vida e de trabalho da humanidade como um todo, e a sua base capitalista, fundada na propriedade privada dos meios de produção. A substituição crescente de trabalho vivo (fundamento do mais-valor) por trabalho morto (capital constante) configura a base material para a extinção da lei do valor.

Em uma economia de abundância, assentada na propriedade social dos meios de produção, encerraria-se também a necessidade da divisão entre concepção e execução do processo de produção (ou entre dirigentes e dirigidos na produção) e, finalmente, entre trabalho manual e trabalho intelectual. A redução relativa do valor criado obriga o capital a reforçar sua base de existência: a exploração do trabalho assalariado, a geração de mais-valor. A intensificação da força produtiva por meio do incremento do capital constante em relação ao capital variável torna absurda a medida do valor pelo tempo de trabalho vivo, não porque este desaparece, mas porque seu peso, quando comparado ao trabalho "morto", tende a uma magnitude insignificante.

Com o avanço técnico e o aumento da produtividade da força de trabalho, diminui, mantidas as outras condições, o valor unitário de cada mercadoria, tendencialmente até o limite matemático do uso de 100% de capital constante (e de 0% de capital variável). Por sua vez, a produtividade (p) tende ao infinito ($p \to \infty$), implicando uma tendência à produção de valores de uso destituídos de qualquer valor de troca, desaparecendo a escassez de produtos e, com isso, a vigência da lei do valor. Isso porque o capital constante agregado a uma unidade de mercadoria também se reduz progressivamente: "Se, com a maior produtividade, tiver aumentado a massa de mercadorias, o mesmo ocorrerá com o seu número, ao passo que o preço da mercadoria singular terá baixado"[11]. Nessas condições, cessariam de existir as bases da valorização do capital.

Tal tendência, constatável na depreciação do valor das mercadorias produzidas com uma base tecnológica que tende a dispensar a força de trabalho e a desgastar muito lentamente o capital constante, não se realiza plenamente, ou de forma pura, porque a própria crise capitalista destrói forças

---

[11] Idem, *Capítulo VI (Inédito) de O capital* (trad. M. Antonio Ribeiro, Porto, Escorpião, 1975), p. 144.

produtivas, por meio de guerras, desastres não naturais e outros meios, ou recria formas antediluvianas de extração de mais-valor absoluto. A queda da taxa de lucro e a extinção do processo de valorização são fenômenos tendenciais, que se realizam não de modo linear e uniforme, absoluto, mas por meio de avanços e retrocessos, de saltos.

Ao libertar o trabalho da necessidade de produzir mais-valor para o capital, o socialismo não só permitiria aumentar o "tempo livre", mas também modificaria o caráter do próprio trabalho, que deixaria de ser a pesada carga obrigatória que é atualmente. Ou seja, ainda que tampouco a sociedade socialista possa renunciar ao "sobretrabalho", estaria, não obstante, em condições – graças ao pleno desenvolvimento de suas forças produtivas – de reduzir a um mínimo a quantidade de trabalho para cada um dos membros da sociedade. Mas com isso não só caducaria a tradicional divisão do trabalho com sua separação dos homens em trabalhadores "manuais" e "intelectuais", mas a diferença de tempo de trabalho e tempo de lazer perderia o caráter contraditório que possui na atualidade, já que o tempo de trabalho e o tempo livre se aproximariam e se complementariam cada vez mais de forma recíproca.

O capitalismo criou as premissas materiais para tais transformações, premissas que deverão ser desenvolvidas por meio da propriedade social dos meios de produção para se converterem na base do comunismo, no qual a sociedade humana poderá levar enfim uma existência realmente humana.

A base material do comunismo deve consistir em um desenvolvimento do poder econômico do homem de tal modo que o trabalho produtivo, deixando de ser uma carga e um incômodo, não tenha necessidade alguma de coação, nem que a distribuição tenha – como acontece hoje em uma família – outros controles mais que os da educação, do hábito da opinião pública. É necessário, para falar francamente, uma grande dose de estupidez para considerar como utópica uma perspectiva, em última análise, tão modesta.[12]

Um período revolucionário é aquele em que o equilíbrio capitalista é abalado em suas bases. Esse equilíbrio é um fenômeno complexo, pois o regime capitalista o constrói, quebra-o, reconstitui-o e quebra-o novamente, ampliando dessa forma os limites da sua expansão. No terreno econômico, as crises e as retomadas da atividade constituem as rupturas e o restabelecimento do equilíbrio. No terreno social, a ruptura do equilíbrio se manifesta em greves, boicotes patronais, revoluções. No domínio das relações interestatais, a ruptura do equilíbrio é a guerra aberta ou, mais dissimuladamente, a guerra comercial e econômica.

Ao longo de quatro séculos (do século XVI ao século XX), o capitalismo passou por crises cada vez maiores e mais profundas, demonstrando um equilíbrio instável que, de tempos em tempos, se quebra e recompõe, mas que possui uma grande força de resistência.

Qual é a correspondência entre o movimento fundamental e as flutuações cíclicas? Durante os períodos de desenvolvimento rápido do capitalismo, as crises são breves e de caráter superficial, enquanto os períodos de crescimento são prolongados. No período de decadência, as crises duram longo tempo, enquanto os sucessos são momentâneos, superficiais

---

[12] Leon Trótski, *A revolução traída* (trad. Olinto Beckerman, São Paulo, Global, 1980), p. 72.

e baseados na especulação. No período de estagnação, as oscilações se produzem ao redor do mesmo nível. Eis como determinar o estado geral do capitalismo.[13]

A tendência do capitalismo à extração cada vez maior de mais-valor como mecanismo compensatório contra a tendência à queda da taxa média de lucro, e em direção à extinção do valor como medida da riqueza social, determina que a criação de valor e a extração de mais-valor se desloquem historicamente em sentido antagônico, e em contradição cada vez mais aguda. À medida que o capital tende ao colapso por meio de crises econômicas de magnitude crescente e de caráter inédito, a luta entre capital e trabalho se acentua, como consequência da intensificação da tendência do capital a defender e aprofundar sua vigência mediante a extração crescente do mais-valor criado pelo trabalho assalariado.

A investigação dialética do modo de produção capitalista conduz à confrontação entre esse modo de produção e as formações sociais pré-capitalistas, de um lado, e entre ele e a ordem socialista, de outro. Marx resumiu a história humana em uma tríade dialética:

> Relações de dependência pessoal (de início, inteiramente espontâneas e naturais) são as primeiras formas sociais nas quais a produtividade humana se desenvolve de maneira limitada e em pontos isolados. Independência pessoal fundada sobre uma dependência coisal é a segunda grande forma na qual se constitui pela primeira vez um sistema de metabolismo social

---

[13] Idem, *La curva del desarrolo capitalista* (Buenos Aires, Centro de Estudios, Investigaciones y Publicaciones León Trotsky, 2007 [1917]), p. 137. Tradução nossa.

universal, de relações universais, de necessidades múltiplas e de capacidades universais. A livre individualidade fundada sobre o desenvolvimento universal dos indivíduos e a subordinação de sua produtividade coletiva, social, como seu poder social, é o terceiro estágio. O segundo estágio cria as condições do terceiro.[14]

## A União Soviética e os outros Estados operários eram socialistas?

Desde que Marx escreveu *O capital* até os dias de hoje, o capitalismo tem mostrado sua maturidade para dar lugar a um novo regime social por meio de sucessivas convulsões revolucionárias. A peculiaridade da situação consistiu, sem dúvida, no fato de que a revolução social só triunfou em uma série de países atrasados.

Marx entendia por 'estágio inferior do comunismo' o de uma sociedade cujo desenvolvimento econômico seria, desde o início, superior ao do capitalismo avançado. Em teoria, essa maneira de colocar a questão é irreprovável, pois o comunismo, considerado em escala mundial, constitui ainda em estágio inicial, em seu ponto de partida, um grau superior em relação à sociedade burguesa. Marx esperava, além disso, que os franceses começassem a revolução socialista, que os alemães a continuariam e os ingleses a acabariam. Quanto aos russos, vinham longe na retaguarda. A realidade foi precisamente inversa.[15]

---

[14] Karl Marx, *Grundrisse*, cit., p. 106.
[15] Leon Trótski, *A revolução traída*, cit., p. 93.

O primeiro Estado operário surgiu em um país capitalista atrasado e, com o fracasso da revolução europeia, isolado e cercado pelas potências imperialistas. Poucos anos depois da vitória, sua economia se caracterizava por possuir: um setor nacionalizado, a grande indústria das cidades, e um setor privado amplamente predominante no campo (os camponeses haviam obtido a posse da terra na revolução), de baixa produtividade, que trocava seus produtos com as cidades segundo critérios mercantis (lei do valor). O desenvolvimento dessa situação ameaçava solapar as bases do Estado operário: a indústria estatizada. Várias posições se defrontaram a esse respeito na direção revolucionária:

1. A ala direita do bolchevismo (Bukhárin) desdenhou a contradição, defendendo que se devia desenvolver a produção agrária capitalista, pois esta não representaria nenhum perigo já que se encontrava sob o controle do Estado proletário (uma teoria semelhante foi levantada pelos sandinistas na Nicarágua, ainda que com referência a um suposto "Estado popular"). A nascente burocracia soviética, encabeçada por Stálin dentro do partido bolchevique, limitou-se a apoiar essa posição.

2. A oposição de esquerda reivindicou a necessidade de um plano de industrialização que fortalecesse as bases da ditadura proletária. Seu economista Preobrajenski sustentou que era preciso violar conscientemente a lei do valor nas trocas com os produtores agrários privados: vender-lhes produtos industriais acima de seu valor e comprar seus produtos abaixo do valor (só até o ponto em que não se comprometesse a aliança operário-camponesa), drenando assim

os fundos para uma "acumulação primitiva socialista", que permitisse a industrialização do país.

3. O principal dirigente da oposição, Trótski, defendeu essa última posição, sublinhando que o fator decisivo para a construção do socialismo era a extensão internacional da revolução. Em sua visão, apenas a acumulação interna nunca permitiria o acréscimo de forças produtivas necessário para superar os países capitalistas, que tinham a seu favor a divisão internacional do trabalho, isto é, sua hegemonia no mercado mundial. Seu eixo foi a crítica da nascente teoria que sustentava a possibilidade de construir o "socialismo em um só país", expressão de um setor do aparato estatal que pretendia isolar os destinos da União Soviética da luta pela revolução mundial.

A história deu razão a essa posição: o desenvolvimento da produção mercantil no campo causou um levante dos setores mais acomodados (os "kulaks", camponeses ricos) contra o Estado operário. Porém, previamente, uma nova casta social – a burocracia estatal e partidária – havia se apoderado das rédeas do Estado soviético, eliminando toda democracia nele e no partido. Essa casta começou a liquidar a contradição mediante métodos burocráticos – "uma coletivização forçada" do campo que originou uma das maiores matanças da história –, realizando, com ações reacionárias e nacionalistas, o programa da Oposição de Esquerda.

A origem política da burocracia soviética foi a derrota da revolução internacional, que ela ajudou a forjar, e o refluxo das massas na União Soviética – provocado pelos muitos sofrimentos na guerra imperialista e na guerra civil que se seguiu à revolução. As causas econômicas que permitiram o triunfo dessa burocracia foram a escassez reinante na União Soviética – reflexo do escasso desenvolvimento das forças produtivas –, tendo ela operado como intermediária entre a produção e a distribuição. A burocracia resolveu seu próprio problema de escassez mediante os privilégios que acumulou.

Leon Trótski – exilado e depois assassinado pelo regime stalinista – foi um dos poucos líderes bolcheviques que ficaram vivos depois do triunfo da burocracia (em sua imensa maioria, foram massacrados por ela durante sua consolidação). Sua análise do regime da União Soviética o levou a defini-lo como um regime transitório entre o capitalismo e o socialismo. A burocracia não levara a contrarrevolução ao ponto de eliminar a propriedade estatal dos meios de produção, base do Estado operário. Mas a União Soviética não podia ser definida como socialista, pois o desenvolvimento das forças produtivas – a produtividade do trabalho – continuava inferior ao dos países capitalistas avançados, e nos últimos anos tornara-se cada vez menor.

Um Estado operário isolado – ou um grupo deles – não poderia deixar de submeter-se à lei do valor, pois depende, em última instância, da economia mundial, que continua dominada pelo capitalismo. A base mais elementar do socialismo exige pelo menos a tomada do poder pela classe operária dos países capitalistas avançados, para apropriar-se do desenvolvimento produtivo mais alto já atingido pela humanidade.

Na União Soviética, a estatização dos meios de produção e a planificação (ainda que burocrática) da economia demonstraram sua superioridade histórica sobre o capitalismo, desenvolvendo as forças produtivas e tirando o país de seu atraso secular. Mas esse mesmo desenvolvimento impôs uma dependência ou integração cada vez maior da União Soviética ao mercado mundial, por meio do comércio exterior e da importação de tecnologias e até de capitais.

A burocracia soviética e seus satélites tentaram resolver essa contradição mediante concessões políticas – a chamada "coexistência pacífica" com o imperialismo, contra a revolução mundial – e econômicas, das quais a fabulosa dívida externa de vários países da Europa oriental constituiu um exemplo. Ambas alimentaram-se mutuamente, determinando uma política que conduziu à tentativa de restauração do capitalismo, caratcerizando a evolução dos ex-"países socialistas". A "perestroika" de Gorbachev marcou uma tentativa de restauração gradual, pacífica e disfarçada do capital: seu fracasso confirmou os prognósticos de Trótski acerca da impossibilidade de "autorreforma" da burocracia e da inviabilidade de restauração "pacífica" do capital.

A restauração aberta do capitalismo, levada adiante por Iéltsin na Rússia e pela direção do Partido Comunista chinês, em meio a crises e ao uso de métodos de guerra civil contra as massas, evidenciaram que a reintrodução do capital só podia ser levada adiante por meio da violência contrarrevolucionária. Por diversas vezes, os trabalhadores da Rússia, da China e da Europa oriental se levantaram sem sucesso contra esses planos. Essa mobilização deixou claro que estava objetivamente decretada a unidade internacional dos trabalhadores de todos os países, sobre bases nunca conhecidas no passado.

Cabe agora lutar pela realização dessa unidade, pela revitalização do internacionalismo proletário. A expropriação do capital em terras e países equivalentes a quase um quarto da humanidade deixou manifesto que a era da revolução socialista mundial foi largamente inaugurada, para além de seus retrocessos conjunturais, como o que estamos vivendo. Com as guerras mundiais, o capitalismo se precipitou em direção a uma era na qual suas contradições se evidenciaram em sua plenitude. O desenvolvimento do capitalismo, a partir dos seus primórdios no século XVI até atingir a era das revoluções e das conflagrações bélicas mundiais, preparou as encruzilhadas e os problemas históricos que as gerações presentes e futuras serão obrigadas a resolver, concretizando, no plano prático e em escala universal, o chamado feito pelo *Manifesto Comunista* em 1848:

"Proletários de todos os países, uni-vos!".

# Referências bibliográficas

BUKHÁRIN, Nikolai. *A economia mundial e o imperialismo*: esboço econômico. Trad. Raul de Carvalho, São Paulo, Nova Cultural, 1986.

DOBB, Maurice. *A evolução do capitalismo*. Trad. Affonso Blacheyre, Rio de Janeiro, Zahar, 1974.

ENGELS, Friedrich. *Crítica ao Programa de Erfurt*. Lisboa, Avante!, 1982.

_____. *Anti-Dühring*: a revolução da ciência segundo o senhor Eugen Dühring. Trad. Nélio Schneider, São Paulo, Boitempo, 2015.

_____. *A origem da família, da propriedade privada e do Estado*: em conexão com as pesquisas de Lewis H. Morgan. Trad. Nélio Schneider, São Paulo, Boitempo, 2019.

_____; MARX, Karl. *Manifesto Comunista*. Trad. Álvaro Pina e Ivana Jinkings, São Paulo, Boitempo, 2010.

KURNITZKY, Horst. *La estructura libidinal del dinero*: contribución a la teoría de la femineidad. Cidade do México, Siglo XXI, 1978.

LÊNIN, Vladímir Ilitch. The Taylor System: Man's Enslavement by the Machine. In: *Collected Works*, v. 20. Moscou, Progress Publishers, 1972.

_____. *Imperialismo, estágio superior do capitalismo*. Campinas, Navegando Publicações, 2011.

LUXEMBURGO, Rosa. *Introdução à economia política*. Disponível em: <https://elsudamericano.files.wordpress.com/2018/09/140-intro-econ-polit-luxemburg.pdf>, p. 60; acesso em: 20 mar. 2020.

MARTÍNEZ, José Luis. *Pasajeros de Indias*: viajes transatlánticos en el siglo XVI. Madri, Alianza, 1983.

MARX, Karl. *Marx Engels Werke* (*MEW*), v. 31. Berlim, Dietz, 1965.

_____. *Capítulo VI (Inédito) de O capital*. Trad. M. Antonio Ribeiro, Porto, Escorpião, 1975.

_____. *Trabalho assalariado e capital*. Trad. José Barata-Moura e Álvaro Pina, Lisboa, Avante!, 1982.

_____. *Teorias sobre a mais-valia*. Trad. Reginaldo Sant'Anna, São Paulo, Civilização Brasileira, 1985.

_____. *Contribuição à crítica da economia política*. 2. ed., trad. Florestan Fernandes, São Paulo, Expressão Popular, 2008.

_____. *Salário, preço e lucro*. São Paulo, Expressão Popular, 2008.

_____. *Grundrisse*. Manuscritos econômicos de 1857-1858: esboços da crítica da economia política. Trad. Mario Duayer e Nélio Schneider, São Paulo/Rio de Janeiro, Boitempo/Ed. UFRJ, 2011.

_____. *Crítica do Programa de Gotha*. Trad. Rubens Enderle, São Paulo, Boitempo, 2012.

_____. *O capital:* crítica da economia política, Livro I: O processo de produção do capital. 2. ed., trad. Rubens Enderle, São Paulo, Boitempo, 2017.

_____. *O capital:* crítica da economia política, Livro III: o processo global da produção capitalista. Trad. Rubens Enderle, São Paulo, Boitempo, 2017.

_____. *Miséria da filosofia:* resposta à *Filosofia da miséria*, do sr. Proudhon. Trad. José Paulo Netto, São Paulo, Boitempo, 2017.

RUBIN, Isaak Illich. *A teoria marxista do valor*. Trad. José Bonifácio de S. Amaral Filho, São Paulo, Brasiliense, 1980.

TRÓTSKI, Leon. *A revolução traída*. Trad. Olinto Beckerman, São Paulo, Global, 1980.

_____. *La curva del desarrolo capitalista*. Buenos Aires, Centro de Estudios, Investigaciones y Publicaciones León Trotsky, 2007.

VILAR, Pierre. A transição do feudalismo ao capitalismo. In: SANTIAGO, Theo Araújo (org.). *Capitalismo:* transição. Rio de Janeiro, Eldorado, 1975.

## Sobre o autor

Osvaldo Coggiola nasceu em Buenos Aires, Argentina, em 1952. É professor titular de história contemporânea na Universidade de São Paulo (USP). Graduado em economia política e história pela Universidade de Paris, é doutor em história pela École des Hautes Études en Sciences Sociales e pós-doutor pela USP. Especialista em temas como marxismo na América Latina, movimento operário e economia marxista. Autor, entre outros, de *Uma história do capitalismo: do surgimento até a Primeira Guerra Mundial* (Brazil Publishing, 2019), *De FHC a Bolsonaro: elementos para uma história econômico-política do Brasil* (LiberArs, 2019), *Engels, o segundo violino* (Xamã, 1995), e da introdução ao *Manifesto Comunista*, de Karl Marx e Friedrich Engels (Boitempo, 1998).

Folha de rosto do exemplar da segunda edição do Livro I de
*O capital* com dedicatória de Marx a Charles Darwin.

Publicado em 2021, 150 anos depois de Marx revisar e reestruturar
os manuscritos para a segunda edição alemã do primeiro livro de
*O capital* – cuja edição original viera a público apenas quatro
anos e se esgotara após os eventos da Comuna de Paris –, este
livro foi composto em Adobe Garamond Pro, corpo 12/14,4, e
reimpresso em papel Pólen Natural 80 g/m² pela gráfica Rettec
para a Boitempo, com tiragem de 2 mil exemplares.